손정도, 애국적 생애

김흥수 지음

불휘총서 간행사

숭실대학교 한국기독교문화연구원은 숭실창학의 기독교적 건학 이념 위에서 1967년 설립된 이래 한국의 기독교 문화에 관한 연구를 수행하고 있습니다. 특히 2014년 연구소에서 연구원으로 승격되면서 숭실창학 120주년 기념사업의 일환으로 진행된 뿌리찾기위원회(2013~2017)의 연구성과(30과제)를 2016년부터 불휘총서 시리즈로 30권으로 기획하여 불휘총서 1권 『윌리엄 베어드』 부터 2018년 불휘총서 19권 『방지일과 중국선교』 까지 발간하였습니다.

평양에서 시작한 숭실대학의 정신을 설립자 윌리엄 베어드(배위량), 3대 교장 사무엘 마펫(마포삼열), 4대 교장 매큔(윤산온) 평전으로 담고자 했으며, 평양 숭실에서 교수로 활동하거나 북한 지역에서 활동한 선교사 블레어(방위량), 번하이젤(편하설), 엥겔(왕길지), 클라크(곽안련), 베커(백아덕), 휘트모아(위대모), 킨슬러(권세열), 솔토형제(소일도, 소열도), 해밀톤(함일돈), 맹로법(맥머트리)연구를 통해 북한 기독교 연구에 기초자료를 제공하고자 함이었으며, 숭실의 순교자, 숭실의 음악인, 방지일, 평양 숭실의 교과서(『논리략해』, 『인생문제와 그 해결』)를 연구함으로서 평양 숭실의 실체에 더 가까이 다가서고자 함이었습니다.

2018년 5월 숭실대학교 한국기독교문화연구원이 '근대전환공간의 인문학-문화의 메타모포시스'라는 아젠다로 인문한국플러스(HK+) 주관기관으로 선정되어 연구를 진행하고 있으며 불휘총서 시리즈를 승계하여

기독교가 한국문화에 끼친 영향을 오롯이 5권에 담아내고자 합니다.

평양 숭실의 2대 교장 라이너(나도래) 연구를 내놓으신 박삼열 교수님, 5대 교장 마우리(모의리)에 대해 연구를 담아낸 권연경 교수님, 한국전쟁과 숭실 재건과정에서 활약하신 보켈(옥호열) 선교사를 연구하신 배귀희 교수님, 평양 숭실 기독교 정신의 상징인물 가운데 한 분이신 손정도 동문의 평전을 지으신 김홍수 명예교수님(목원대), 평양인이면서 숭실을 사랑한 조만식 선생을 연구하신 윤철홍 교수님께 감사를 드립니다. 또한 불휘총서 시리즈가 진행하는 데 많은 도움을 주신 숭실대학교 부설 한국기독교박물관의 학예팀의 한명근 팀장님과 행정적으로 도움을 주신 한국기독교문화연구원의 서예영 과장님, 학술정보지원팀의 이준학 선생님에게 감사의 말을 전합니다. 불휘총서와 함께 한 오지석 교수님과 출간이 될 수 있도록 간사를 맡아 수고해 주신 마은지 박사님께도 깊은 감사의 마음을 전합니다.

이번 총서에 담은 성과들 또한 한국의 기독교 문화의 뿌리를 찾아가는 데 길라잡이가 될 것입니다. 앞으로도 남은 6권의 시리즈를 출간하여 불휘총서 시리즈 30권을 완간할 예정입니다. 우리 숭실대학교 한국기독교문화연구원은 기독교가 우리 문화 속에 새겨놓은 흔적의 다양성과 풍부함과 숭실의 정체성을 드러내고 함양하는 연구와 비전을 제시해 나갈 것입니다.

불휘총서가 진행될 수 있도록 기획하고 총괄해주신 곽신환 전임 연구원장님과 이 일이 계속될 수 있도록 아낌없이 지원해 주신 황준성 총장님께 깊은 감사를 드립니다.

2020년 6월

숭실대학교 한국기독교문화연구원장

황 민 호 삼가 적음

저자 서문

일제 강점기로 시작된 우리 근대사는 눈물의 역사였다. 일본의 침략으로 대한제국이 몰락의 길에 접어든 때였다. 그 비극의 시대에 손정도(孫貞道)가 살았다. 그의 생애의 모든 활동은 민족의 현실과 밀접히 연관되어 있었다. 우리 근대사의 비극은 그의 비극이었다. 따라서 그의 생애를 추적하는 일은 험난했던 우리 민족의 비극적 삶을 되돌아보는 일이나 마찬가지이다.

손정도는 1882년에 평양에서 태어났다. 젊은 시절 손정도는 평양 숭실중학에서 공부했으며 숭실대학에 입학했다. 대학은 곧 중퇴하였다. 신학을 공부하기 위해 서울로 갔다. 그 무렵부터 그의 기독교 전도자로서의 생애가 시작되었다.

손정도의 생애는 기독교 전도자로서의 생애였지만, 일제의 우리 민족 지배에 항거한 생애이기도 했다. 그는 1912년부터 1918년까지 서울의 동대문교회와 정동교회에서 목사로 일했다. 교회 일을 사직하고 나서는 상해로 가서 임시정부에서 활동했다. 대한민국 임시정부 임시의정원 의장과 교통부 총장으로 활동하였다. 그는 1923년 상해를 떠나 삶의 마지막 시기를 보낸 길림으로 이주했다. 그는 길림에서 독립운동가요 기독교 목사로 활동했는데, 이 시기는 그의 50여년 생애에서 가장 헌신적이고 빛나는 시기였다. 그가 길림에 공부하러 온 중학생 김일성을 돌본 것도 이 때였다. 그러다 거기 동양병원에서 1931년 숨을 거두었다. 49년의 그의 짧은 생애는 이렇게 끝났다.

이 책은 탄생부터 죽음에 이르기까지의 손정도의 삶을 이야기한다. 손정도의 생애에 관한 책은 이 책이 처음은 아니다. 이미 1949년에 『고 해석 손정도 목사 소전』이 간행되었다. 이 책은 서울 정동교회에서 거행된 손정도의 추도식을 계기로 간행된 36쪽 짜리 소책자였다. 필자는 배형식 목사였다. 평남 출신인 배형식은 손정도와 신학교 졸업 동기였을 뿐만 아니라 만주에서 목회하면서 손정도와 함께 독립운동에도 참여한 인물이었다. 손정도의 아들 손원일의 글에도 그의 생애의 단편이 들어있다. 한국 해군의 창설자인 손원일은 손정도의 장남인데, 『한국일보』(1976년 9월29일-12월21일)에 "나의 이력서"란 제목의 글을 연재하였다.

손정도를 체계적으로 연구하기 시작한 것은 20여년 밖에 되지 않았다. 가장 체계적인 연구서로는 김창수와 김승일이 함께 쓴 『해석 손정도의 생애와 사상 연구』, (1999)이다. 이덕주의 몇 편의 논문도 손정도 연구에 크게 기여했다. 2003년 10월에는 평양에서 손정도 목사 기념 학술대회가 열렸다. 이 책은 이런 연구를 바탕으로 쓰여진 것이다.

손정도가 공부한 숭실대학교는 2018년 2월 9일 학위 수여식에서 졸업을 하지 못한 손정도에게 명예 졸업장을 수여하였다. 손정도의 독립운동가로서의 삶과 애국적 목회에 대한 감사의 표시이자 그의 나라사랑과 고귀한 정신을 계승하려는 다짐이었다.

이 책은 손정도 연구서라기 보다는 독립운동을 중심으로 손정도의 애국적 행적을 되돌아보는 전기이다. 그래서 독자들이 쉽게 이해하기 어려운 사건이나 용어에는 간단한 설명을 붙였다. 각주도 최소화했다. 인용문의 경우도 100여 년 전의 국한문 혼용체를 읽기 쉽게 한글로 고쳐 썼다.

한국교회사가로서 평양, 서울, 상해, 길림 등지에서 이루어진 손정도의 고귀한 생애를 공부하는 일은 영광된 일이었다. 초고를 읽고 조언해 주신 최기영교수 박환교수께 그리고 이런 기회를 주신 숭실대학교 한국기독교문화연구원 곽신환 전 원장과 황민호 원장께 감사의 마음을 전한다.

2019년 7월

김홍수

목차

제3부 길림 시절 99

참고문헌 167

제1부
평양, 서울, 하얼빈

1. 평양의 기독교

일본잡지 「모던일본」은 일본인 독자들의 한국 이해를 도모하기 위해 조선판을 낸 적이 있다. 1939년판에 소설이 한 편 들어있는데, 이 시기의 평양 모습을 "3천년 고도의 땅, 대동강과 기생도 매력적이었다." 고 묘사하고 있다. 이 인용문은 하마모토 히로시의 '여수'라는 소설에 들어있는데, 평양 소개의 키워드는 기생, 대동강, 청일전쟁 같은 것들이었다. 일본 여행객들에게는 평양의 이런 모습이 흥밋거리였을 것이다.

이 소설에서는 언급하지 않지만 20세기 전반기의 평양의 모습이란 기독교 신자와 예배당이 넘쳐나는 도시였다. 평양, 선천, 정주, 재령, 신천, 원산 같은 북한의 지역들은 1920년대까지는 한국기독교의 중심지가 되었는데 특히 평양이 그러했다. 이 점을 잘 지적한 것은 평안남도 경찰부 고등과장 후카이였다. 그는 1941년부터 1945년까지 발행된 친일 문에 월간지 「국민문학」의 특별대담 "평양의 문화를 말한다"(1943년 1월)에서 평양의 기독교 문제를 지적하고 있는데, 평양은 기독교가 승한 지역으로 황도정신에 어긋난 부분이 있다는 것이다. 황도정신에 어긋난 부분이란 1930년대 중반 무렵부터 시작된 평양지역 교회와 기독교 학교의 신사참배 거부를 염두에 둔 발언이었을 것이다. 그리고 그가 말한 기독교가 승한 지역이란 평양이 기독교가 번성하는 도시라는 의미였을 것이다. 일제시기에 평양은 한국의 예루살렘이라고 불렸던 곳이다. 평양은 근대 초창기에 기독교를 받아들인 점에서 서울과 별 차이가 없었으나 1907년 기독교 신자들이 자신들의 죄를 공개적으로 고백한 대부흥의 공간이었다. 후카이가 지적한 것처럼, 그후 1930년대에는 일제의 신사 참배 강요에 맞섰던 신앙양심의 파수지였다.

평안도에 기독교가 처음 유입된 것은 1870년대였으나 1885년 미국 북장로교의 언더우드(Horace G. Underwood)와 미국 북감리교의 아펜젤러(Henry G. Appenzeller) 선교사가 서울에 오면서 본격적인 선교가 시작되었다. 아펜젤러는 1887년 평양을 시찰하였다. 이듬해 아펜젤러는 언더우드와 함께 다시 이 지역을 방문하였다. 1890년에는 장로교 선교사 마펫(Samuel A. Moffett)과 감리교 선교사 아펜젤러, 그리고 헐버트(Homer B. Hulbert)가 평양을 잠시 방문하였다. 마침내 1892년 감리교 의료선교사 홀(William J. Hall)이, 1893년 장로교 선교사 마펫, 리(Graham Lee), 스왈렌(William L. Swallen) 등이 평양에 거주함으로써 본격적인 선교활동이 시작되었다.

평양에 기독교가 전파되면서 기독교계 학교가 많이 설립되었다. 조선 말기, 일제강점기의 언론인이요 독립 운동가였던 박은식은 1907년 7월 평북 의주, 선천 등지의 교육 정도를 시찰한 후「황성신문」에 8회에 걸쳐 "서도 여행기"를 실었다. 이 여행에서 초반에 들른 곳이 평양이었다. 그는 평양을 교육을 통해 문명화가 적극적으로 이루어지고 있는 도시로 파악하고 있었다. 박은식에게 평양의 대성학교는 국내 학교 중에 "제1지"(第一指), 즉 엄지손가락처럼 여럿 가운데 제일가는 학교였다. 대성 학교는 신민회를 창립한 안창호가 인재 양성을 위해 1907년 평양에 세운 학교로 이 학교에서는 민족 정신을 고취시키는 데에 중점을 두어 교육하고 있었다.

민족혼을 중시했던 박은식이 대성학교를 내세웠지만, 당시 평양의 가장 대표적인 교육기관은 숭실중학교였다. 미국 북장로교 선교사인 베어드(William. M. Baird)가 세운 학교였다. 베어드가 평양에 도착한 것은 1897년 10월 2일이었다. 사저에서 13명의 학생을 모아 사랑방 교실을 열었다. 숭실학당의 출범이었다. 먼저 장로교의 경우 1894년 장대현교회에서 사사로이 가르치는 글방을 세웠고, 이 사숙은 다시 1897년 예수교학교로 발전하였다. 예수교학교는 1901년 새로 교사를 짓고 이름도 숭실학교(崇實學校)로 바꾸었다. 숭실학교에서는 중학 과정을 가르쳤으며, 그 해 미국 북감리회와 공동으로 대학과정을 신설하였다. 그러다가 1905년 중학부와 대학부로 분리하여 중학부는 숭실중학교, 대학부는 숭실대학이라 했다.

마펫은 1894년 평양에 숭인상업학교(崇仁商業學校)를 세웠다. 여학교는 선교사 리가 1897년 자기 집에서 10명의 소녀를 모아 가르친 것이 효시이다. 여성교육의 필요성을 느낀 선교회에서는 1903년 숭의여학교(崇義女學校)를 세웠다. 숭실학교는 1900년부터는 수업 연한 5년의 정식 중학교의 교과과정을 운영하였고 마침내 1904년 세 명의 졸업생을 배출하였다. 숭실학교는 1905년부터 미북장로회 선교부와 미북감리회 선교부가 공동으로 운영되다가 1912년부터는 호주장로회와 미남장로회 선교부도 이사진에 참여하게 되었다.

평양지역의 감리교 교육선교에서 중요한 것은 격물학당(格物學堂)의 설립이었다. 격물학당은 평양 교인들의 간절한 열망에 따라 세워진 학교였다. 1903년 북감리회 북지방 교인 1,400여 명은 "시대에 맞는 기술교육을 받을 학교를 세워달라는" 청원서를 선교사 노블(William A. Noble)에게 제출하였다. 또 이들은 교명을 격물학당이라 붙여줄 것도 요청하였다. 주희(朱熹)는 세상의 삼라만상은 나무 한 그루, 풀 한 포기에 이르기까지 모두 그 이치를 갖추고 있으며 모든 사물의 이치를 끝까지 파고 들어 가면(格物) 앎에 이른다(致知)고 보았는데, 격물이란 교명은 여기서 가져온 것이었다. 이 청원이 받아들여져 1907년 이 학당을 세웠던 것이다. 이 학당은 후일 광성고등보통학교로 교명을 변경하였고, 1938년에는 5년제 광성중학교로 개편되었다.

손정도는 감리교 선교사 무어(John Z. Moore)의 주선으로 숭실학교에 진학하였다. 미국 펜실바니아 주에서 태어난 무어는 1903년 내한하여 평양 서편의 남포, 강서, 용강 지역에서 전도활동을 하고 있던 선교사였다. 손정도는 1903년 숭실중학교에 입학, 1908년에 졸업(5회)하였는데 조만식, 선우혁, 김득수, 이성휘, 박상순 등이 동기였다.[1] 무어는 2년 동안 활동하다가 1905년에 귀국했으므로 손정도의 졸업을 보지는 못했지만 선교 보고서에 손정도의 중학교 입학과 학창시절 이야기를 언급했을 가능성은 있다. 무어는 1914년에 다시 내한하였다.

이 무렵 서울의 배재학당에서 공부한 이승만을 비롯해 이원긍, 이상재, 유성준, 김정식, 홍재기, 이국선, 이승인 등 한국사회의 개화파 지식인들이 기독교도가 되었다. 이들은 개혁운동을 하다 한성감옥에 투옥된 정치범들이었는데, 3년여 동안의 감옥생활 중에 기독교를 수용했다. 이승만은 1902년에, 다른 사람들은 1903년 말에 신앙을 고백하였다. 이들 옥중 개종자들은 대부분 1904년 러일전쟁 발발 직전에 석방되었다. 1904년 1월 이상재, 이원긍, 김정식, 홍재기 등이 석방되었고, 이승만은 8월에 석방되었다. 출옥 후 이들은 남대문 옆 상동교회 내의 상동청년학원이나 황성기독교청년회, 즉 와이엠시에이(YMCA)를 통해 교육운동을 전개하였다.

---

1) 『숭실100년사』, 1권, 숭실중고등학교, 1998, 94-95.

들이었다. 대체로 평안도(서북 지방)의 기독교 인사들이 중심이 되어 활동하였다. 신민회의 궁극적 목적은 자유 독립국을 세우고, 주권이 한 사람의 의사에 의해서가 아니고 합의체의 기관에 의하여 행사되는 공화정체(共和政體)를 정치 체제로 하는 것이었다. 독립협회 때에는 군주가 헌법에서 정한 제한된 권력을 가지고 다스리는 입헌군주국이 목표였다. 이 목적을 달성하기 위해서는 무엇보다 국권을 회복할 수 있는 실력 양성에 온 힘을 쏟아야 한다고 규정했다.

신민회는 실력양성의 방법을 통하여 국권을 회복하고자 하였다. 가장 대표적인 것이 교육이었다. 안창호가 평양에 세운 대성학교, 이동휘가 세운 강화의 보창학교, 이승훈이 정주에 설립한 오산학교 등이 대표적인 것이었다. 교육을 중시한 점에서 보면 신민회의 항일운동은 선유사 최병헌의 입장과 같았다. 그러나 신민회는 국외에 독립군 기지를 건설하고 무관학교를 설립하였다. 신민회는 1910년 국권을 빼앗기자 항일무장투쟁을 공식노선으로 채택하고 만주에 무관학교를 설립하고 독립운동 기지를 건설할 것을 결의하였다. 그래서 1910년 12월 이회영, 이시영 등과 이듬해 2월 이상룡, 김동삼 등이 서간도로 집단으로 이주하였다. 이들은 1911년 5월 신흥무관학교의 전신인 신흥강습소를 설립하였다.

신민회 창립을 주도한 이는 안창호였다. 그는 1895년 평안남도 강서를 떠나 서울에 왔다. 선교사 언더우드가 설립한 구세학당(경신학교)에서 3년간 공부하였다. 여기서 기독교 신앙에 접했다. 이 무렵부터 기독교는 그의 일생을 이끄는 힘이었다. 그는 1902년 9월 미국에서 공부하고 돌아와 국내에서 교육사업에 종사하려는 생각으로 미국유학을 떠났다. 1907년, 29세에 귀국한 안창호는 신민회를 조직하였다. 바로 그해에 평양에서는 대성학교를 세웠다.

이렇게 민족적 혼란이 가중되고 있던 1907년에 손정도는 숭실중학의 졸업반 학생이었다. 이 해 1월초부터 기독교인들이 자기 죄를 공개적으로 고백했던 운동이 평양에서 일어났다. 한국기독교의 역사에서 이 운동은 평양 대부흥이라 불린다. 숭실에서는 2월에 부흥운동이 일어났는데 학생들 사이에서 둘씩 혹은 셋씩 모여 울면서 서로 껴안거나 무릎을 꿇고 기도하면서 시험 부정행위, 절도, 속임수, 험담, 불평 등 온갖 죄를 자백하는 일이 일어났다. 당시 숭실에서 가르쳤던 감리교 선교사 베커(Arthur L. Becker)는 평양 대부흥에서 "학생 열 명 중 아홉이 큰 은혜를 받고 거듭났다"고 했다. 한국 교회사가 백락준은 1927년 예일대학에 제출한 박사논문에서 한말의 평양 대부흥이 한국교회의 심령적 신생의 표적이 되었으며, 기독교 사회의 도의심을 가져오고, 사경회, 기도회 등 종교적 관습이 형성되었다고 하면서, 한국기독교의 신앙성격을 형성했다고 보았다. 손정도는 중학생으로 1907년의 대부흥을 직접 목격하였다. 그것을 손정도는 1920년대에 다음과 같이 회상하였다.

> "나는 1907년에 기이함을 보았사외다. 어떤 학생 둘이서 식후에는 없어져서 밤 열두시 지나서 돌아옵니다. 그 애들은 기도하야 성신을 받고 지옥에 떨어지는 부모를 구원하였나이다. 그 아해는 썩어질 세상에 부패, 정욕과 죄악에 인격을 벗고 고결한 신의 고결한 신의 성격을 지었습니다."[5)]

이 글에서 손정도는 두 학생의 대부흥 경험을 기억하고 있는데, 그 결과 그들이 세상의 부패, 정욕과 죄악의 인격을 벗고 고결한 신의 성품을 갖게 되었다고 보았다. 손정도가 이런 부흥운동을 어떻게 겪었는지 궁금하지만 자신의 부흥운동 경험을 언급하는 자료는 없다.

---

5) 이 글은 손정도 목사가 1920년대 길림에서 목회할 때 사용하던 수첩에 들어있다. 이 수첩에는 설교 초록, 구역내 교회, 교인 등에 대한 메모가 들어있다.

2. 기독교를 접하다

손정도는 1882년 7월 26일 평남 강서군 증산면 오흥리에서 손몽룡과 오신도 사이에 장남으로 출생했다. 손정도는 평범했던 유교 선비 집안 출신으로 어려서 한문을 공부하였다. 13세 때 세 살 위인 박신일과 결혼하였다. 유교 문화에 익숙했던 그가 기독교와 접한 것은 관리 등용 시험을 보러 평양으로 가던 중 평양 교외 어느 집에서 하룻밤을 묵은 것이 계기가 되었다. 스물 세 살 때(1904년)였다. 아들 손원일의 "나의 이력서"(「한국일보」, 1976년 9월 29일)에 의하면, 손정도는 그 집 주인으로부터 서구의 문화와 기독교에 대해서 들었다.

> "우연하게도 이 집은 목사 댁이었다. 상투에 갓을 쓰고 한학밖에는 배운 것이 없는 청년이었으나 이 무렵 청년은 신학문에 대한 동경에 사로잡혀 있었다. 그런 청년에게 조목사는 서구의 문화와 기독교 교리를 이야기했다. 평소 괄괄하고 열정적인 성품이었던 청년은 당장에 '몸을 떠는' 감동을 맛보았다."

손정도가 평양 길에서 하룻밤을 보내면서 만난 사람을 손원일은 조목사라고 했는데, 1904년 당시 당시 평양 지역에서 활동한 목사들은 평양에서 활동한 김창식과 이은승 두 사람 뿐이었다. 조씨 성을 가진 사람은 없었다.[6] 손정도는 평양 길을 포기하고 집으로 돌아왔다. 그 후 평양, 진남포에서 활동하던 미국 감리교 선교사 무어(John Z. Moore)를

6) 이덕주, "손정도 목사의 생애와 기독교 사상", 김득중 편, 『손정도 목사의 생애와 사상』(감리교신학대학교 출판부, 2004), 35, 각주 9.

만나게 되었다. 그의 한국 이름은 문요한이었다. 무어는 1903년에 내한하여 2년 동안 평양에서 활동하다가 귀국했다. 손정도가 무어 선교사를 만나 것은 1904년으로 보인다. 무어는 1914년에 다시 내한하여 평안남도와 황해도에서 활동하였다.

3. 신학수업

손정도는 1908년 중학교를 졸업한 후 바로 숭실대학에 입학한 것으로 보이는데, 언제 학교를 그만 두고 서울로 갔는지는 불확실하다. 그가 서울의 협성신학교(현재의 감리교신학대학교)에서 수학할 때 상동감리교회에 출석하였고, 전덕기 목사의 신앙 지도를 받았다는 주장도 있다.[7] 손정도가 협성신학교에서 공부할 때 아내 박신일은 평양에 계속 남아 이때 태어난 손원일을 포함한 삼남매를 키워야 했다. 신학수업의 기간이 불확실하기는 하지만 그의 첫 목회지는 무어가 담임하고 있던 평양 남산현교회였으며, 1909년 6월 미감리회 한국 선교연회에서 진남포와 삼화 구역 전도사로 파송 받았다. 배형식에 따르면, 손정도가 진남포교회에 부임하게 된 것은 이 곳에서 2주간 부흥회를 인도하였는데 그의 설교를 듣고 회개한 "중생자와 신생자가 5백여 명"이 무어 선교사에게 진남포교회 담임자로 초빙할 것을 요청했다고 한다.[8]

---

7) 김창수 · 김승일, 『해석 손정도의 생애와 사상 연구』(넥서스, 1999), 47.
8) 배형식, 『고 해석 손정도 목사 소전』(기독교건국전단사무소, 1949), 3-4.

4. 북경에 가다

손정도가 전도사로 파송받은 1909년 미감리회 연회는 '내외국선교회'를 창립하고 만주 선교를 시작하기로 결정하였다. 미감리회는 남만주 지역을 선교 구역으로 삼고 선교자금을 모으기 시작했다. 이런 상황에서 손정도가 선교사를 지원하였다. 그는 1910년 5월 서울 정동교회에서 개최된 미감리회 연회에서 '청국 선교사'로 정식 파송되었다. 따라서 진남포 목회는 1년으로 끝났다.[9]

우선 중국어를 익힐 목적으로 그해 7월 북경에 갔다. 거기서 조성환을 만났다. 조성환은 안창호, 양기탁, 전덕기 등이 주도하여 1907년 비밀리에 설립한 신민회의 핵심 임원이었다. 안창호를 비롯하여 이동녕, 이동휘, 이회영, 조성환 등 신민회 지도자들은 1910년 3월 국외에 독립군 기지와 무관학교를 설립하여 보다 적극적인 항일투쟁에 나서기로 했는데, 조성환은 북경으로 망명하여 그곳을 근거지로 하여 간도, 노령 등지를 편력하면서 독립운동의 터전을 다지고 있었다.

손정도가 1910년 여름 북경에 도착한 이후 어떻게 지냈는지는 알려진 것이 없다. 이 시기의 활동을 알 수 있는 것으로는 그가 북경에서 안창호에게 쓴 편지(1911년 12월 25일)뿐이다. 이 편지를 통해 알 수 있는 것은 손정도가 1910년 여름에 북경에 도착하여 조성환을 통해 안창호와 연락을 취하였다는 것이다. 이 편지에는 손정도의 장차 계획도 들어 있다. 그의 계획은 국내 계획과 국외 계획으로 나뉘었다. 국내 계획은 교회마다 청년 중심의 기도회를 만들고, 독립 전쟁이 전개될 때 각 지역 교회 청년회가 그 지역 일본인 축출 책임을 지게 하도록 하는 것이

9) 손원일, "나의 이력서", 『한국일보』, 1976년 9월 30일.

다. 국외 계획은 만주인들과 연대 투쟁을 하되 토지를 마련하여 항구적인 독립운동기지를 확보하는 것이다.

손정도는 1910년 7월 북경으로 가서 선교와 민족운동 준비 작업에 착수한 후 1911년 6월 서울에서 열린 미감리회 연회에 참석차 귀국하였다. 그는 귀국 전에 "그리스도인의 자신력"이란 글을 썼다. 이 글에서 손정도는 자신력은 나무의 뿌리가 되는데, 만일 우리 교회가 자신력이 없으면 스스로 서는 힘을 얻지 못하니 "속히 자신력을 얻어 남을 믿지 말고 스스로 서서 동양에 선교한은 큰 기관 교회"가 되기를 간절히 믿고 바랐다. 이 글은 「그리스도회보」(1911년 4월 15일)에 실렸다.

손정도는 이 연회에서 목사 안수를 받고 만주 지역의 교민 전도를 위한 선교사로 파송 받았다. 서울에서 열린 연회가 끝난 후 손정도는 평양으로 가서 남산현교회 교인들이 마련한 환영회에 참석하였다. 교인들과 함께 대동강에서 뱃놀이를 즐기고, 부벽루에 내려서 씨름까지 하였는데, 손정도가 1등상을 받았다.

손정도는 다시 북경으로 떠났다. 그 해 가을, 북경에서 지내면서 본국 교인들에게 전도를 권면하는 노래를 지어 보냈다. 그것이 「그리스도회보」(1911년 11월 15일)에 실렸다. "삼천리 강산 주의 동반도는/ 구원 얻은 동포 많아졌으니/ 그리스도왕의 명령을 좇아서/ 어서 추수하러 나아갑시다."라는 가사였다. 위에서 살펴본 바, 안창호에게 자신의 선교 및 민족운동 계획을 밝힌 편지를 쓴 것도 이 무렵이었다. 한국교회에서는 손정도의 선교 사업을 지원하기 위해 추수감사절에 특별 헌금을 실시하였다.

5. 하얼빈에서

손정도는 1912년 3월 다시 서울에 와서 상동교회에서 개최된 미감리회 연회에 참석하였다. 연회(年會)란 1년에 한번씩 모이는 감리교회의 회의를 말하는데, 이 때만 해도 감리교회가 미국감리교회의 관할 하에 있었으므로 미감리회 연회라 불렀다. 손정도는 이 연회에서 "청국 봉천 북방 할빈 남방" 선교사로 재차 파송되었다. 이로써 그의 선교지역이 북만주지역, 즉 오늘날의 선양 이북에서 하얼빈 남방 지역으로 확정되었다.

손정도가 귀국했을 때 신민회 회원들이 연루된 105인사건 재판이 시작되고 있었다. 이 사건은 평안북도 선천으로부터 시작되었다. 선천에는 신성학교가 있었는데 미국 장로교 선교사 맥큔(George S. McCune)이 교장으로 있던 1911년 10월, 아침 기도회 시간에 학생들과 교사들이 일경에 체포되는 일이 발생했다. 12일 신성중학교 학생 2명이 체포되었다. 25일에는 교사 7명과 학생 15명이 체포되었다. 29일에는 양전백 목사가 체포되었다. 이들은 포승과 수갑을 채워 서울로 압송, 구속되었다. 다른 사람들도 계속 체포되었다. 매큔이 이 일의 윤곽을 파악한 것은 구속된 피의자들에게 성경, 음식, 옷 등을 차입하는 과정에서였다. 체포, 구속된 사람들은 2012년 4월까지 구속된 사람은 700명을 넘었다. 이들은 데라우찌 총독을 암살하려다 미수에 그쳤다는 사건의 혐의자들이었다.

맥큔의 신성학교 제자인 백낙준은 1927년 예일대학에 제출한 박사학위 논문에서 데라우찌 총독 모살 미수사건, 즉 105인 사건을 가리켜 일제의 기독교 탄압의 "제1착"(第1着)이라고 하였다. 일경은 윤치호, 이승훈, 양기탁, 유동열, 안태국 등 을 체포, 투옥하였다. 1912년 2월 와이엠시에이 회장 윤치호가 체포되자 교인들은 숨을 죽였다. 1912년 5월, 일경은 123명을 기소했다. 구속된 사람들은 구속 이유를 몰랐다. 고문은 혹독했다. 재판과정까지 조선총독부는 고문을 부인했다. 마치 '위안부' 문제처럼, 일본 정부는 105인 사건에서의 고문을 부인했다. 오히려 증거를 대라고 공격했다.[10] 제1심 경성지방법원은 123명 중 18인을 제외한 105인에게 모살 미수죄를 선고하였다. 제2심 공판에서 윤치호, 약기탁 등 6명을 제외한 99인이 무죄로 석방되었다. 이들 6인도 고등법원의 최종심에서 무죄판결을 받았지만, 일제는 1915년 2월에야 특별사면 형식으로 이들을 풀어주었다. 105인 사건은 이렇게 종결되었다.

손정도는 105인사건 재판 소식을 들으면서 1912년 3월 연회를 마치고 하얼빈으로 갔다. 하얼빈은 원래 송화강 유역의 어촌이었는데 1903년 러시아가 동청철도(東淸鐵道)를 건설하는 기지로 만들면서 도시로 발전하였다. 동청철도는 하얼빈을 중심으로 중국 동북지구(만주)의 동서와 남북을 연결하는 철도였다. 이효석의 소설 "합이빈"에서 주인공 '나'가 일시적으로 머무는 공간이 모데른(Modern) 호텔인데, 이 호텔은 1906년 러시아 사람이 세운 호텔이었다. 그 후 1917년 러시아혁명의 어려움을 피하기 위해 과거의 귀족이나 부유계층이 이곳에 망명해왔다. 이효석이 하얼빈 방문 시 머물렀던 이 호텔은 지금도 하얼빈의 중앙대가에서 영업을 하고 있다.

손정도가 하얼빈에 도착한 1912년에는 아직 러시아 사람들이 대규모로 이주해오기 전이었다. 하얼빈에서 1년도 안되어 교포 40명, 중국인 3명의 교인이 생겼다. 교인들의 자력으로 공원가의 300여 평의 대지를 매입한 후 2층 양옥을 지었다. 2층은 교회로, 1층은 교실로 사용하였는데, 학생 20여 명이 이 교실에서 초등과목을 공부하였다. 동포들의

10) 옥성득, "기독교 민족주의와 105인 사건, 1911-1915," 「기독교사상」(2019년 7월), 191.

공동묘지까지 마련했다. 하얼빈에는 1912년 손정도가 활동하던 공원이 지금도 그대로 있는데 조린공원이라 불린다. 이곳은 1909년 10월 23일에는 안중근 의사가 이토 히로부미를 저격하기 위한 거사를 논의한 장소이기도 했다. 손정도가 오기 3년 전 일이었다. 그러나 1912년은 손정도에게 시련의 해였다. 소위 가츠라 암살음모사건에 연루되어 주모자의 한 사람으로 체포되었기 때문이다.

6. 가츠라 암살 음모사건

손정도 목사의 하얼빈 선교는 4개월 만에 중단되었다. 일제는 소위 합병 후에 국내의 민족운동 세력의 발본색원에 나섰다. 그것이 105인 사건이었다. 그 다음에는 해외(중국)로 망명한 민족운동 세력을 척결하기 위해 '가츠라 암살음모사건'을 조작하였다. 손정도는 이 사건에 연루되어 주모자의 한 사람으로 하얼빈에서 체포되었다. 1912년은 손정도에게 시련이 시작되는 해였다.

사건은 이렇다. 1910년 조선병탄 때 일본 수상이었던 가츠라 다로(桂太郎)가 일본정부의 특사로 러시아로 가는 길에 하얼빈을 통과했다. 1912년 7월 12일이었다. 가츠라 일행의 처음 계획은 한국, 만주를 통해 러시아로 가는 것이었다. 그러나 당시 국내에서 105인사건 재판이 진행중이었다. 검사는 재판과정에서 피의자들에게 데라우치 총독 뿐 아니라 가츠라도 암살하려 했다는 혐의를 뒤집어씌우고 있었다. 그래서 가츠라의 한국 여행은 취소되고 대련으로 해서 기차로 곧장 러시아로 가는 행로를 택한 것으로 보인다.[11)]

11)「매일신보」, 1912년 6월 8일, 7월 11일, 7월14일.

이 때 하얼빈 주변의 한국인들이 대거 구금되었다. 중국신문 「신보」(申報, 1912년 7월 21일)에 따르면, 하얼빈에서는 조선인 92명이 구속됐는데, 구속 원인은 이들이 가츠라 다로를 암살하려 했다는 것이다. 3년 전 안중근과 우덕순이 하얼빈에서 이토오를 저격했듯이 이번에도 독립 운동가들이 가츠라를 암살하려 모의했다는 혐의를 씌웠다. 이 혐의로 하얼빈의 손정도, 북경의 조성환과 백영엽도 체포되었다. 하얼빈은 3년 전 안중근이 이토오를 저격했던 곳이었기에 러시아나 일본 정부가 경계를 철저히 하였다. 러시아 경찰 당국은 7월 11일부터 다음 날 아침까지 하얼빈 거주 조선인의 가택을 수색하고 92명을 구속하였다. 이들은 처음에 러시아 유치장에 수감되었다가 한국인을 관리하고 있는 일본총영사관으로 옮겨졌다. 일본총영사관은 이미 안중근이 조사를 받고 수감되었던 감시와 탄압의 장소였다. 이들에게는 가츠라 암살모의 혐의가 붙여졌다. 수감된 자들은 그곳에서 3개월 동안 취조를 받은 후 23명이 서울의 조선총독부 경무부로 압송되었다. 70여명은 석방됐다.

이 사건은 105인사건과 마찬가지로 민족운동 세력을 말살하려는 정치적 음모에서 비롯된 사건이었다. 자백 외에는 다른 증거가 없기에 체포된 자들에게 혹독한 고문이 가해졌다. 손정도는 암살 모의의 '수괴'로 지목되었기 때문에 105인사건 관련자들이 겪었던 것과 같은 고문을 당했다. 거꾸로 매달고 코에 고춧물을 붓고 대나무나 가죽으로 된 채찍으로 맹타를 가하였다. 이런 혹독한 고문으로 그의 얼굴에는 평생동안 지워지지 않은 흉터가 생겼으며, 이 시기에 얻은 병으로 평생 고통을 겪다가 일찍 세상을 떠나야 했다.

손정도는 어떻게 민족운동에 참여하게 되었을까? 배형식은 이렇게 설명했다.

"목사님 평양 남산현교회 부목사로 피임 시무하셨다. 목사님은 어느 날 새벽에 깨어 기도하시고 성경 사도 2장 6-8절[1장 6-8절] 말씀을 보시매 베드로가 주께 요구한 사정에 목사님이 동감하셨다. 국가에 있어야 할 자유 독립과 국민이 가져야 할 민족주의를 부르짖고 신앙자유의 용기로 화평한 복음을 전하며 진리와 정의로 선한 싸움을 싸워보겠다는 결심으로 하느님께 약속하셨다. 이 때부터 목사님은 신앙 부흥운동의 거룩한 사도로 출발하시고 가시는 교회마다 오순절 성화가 일어나서 신자마다 중생의 은혜를 받으며 불신자가 회개하고 구원의 길을 찾는 자가 많았다."[12]

7. 진도 유배

서울로 압송된 23인 가운데 20명은 석방되었다. 손정도는 진남포교회 시절부터 우의를 쌓은 한중전과 함께 재판에 회부되었다. 1912년 11월 보안조례 위반 혐의로 1년 동안의 진도 유배형, 즉 거주지를 전라남도 진도로 제한하는 처분을 받았다.[13] 하얼빈에서 체포된 지 5개월 후였다.

지금은 없어졌지만 유배란 죄인을 먼 시골이나 섬으로 보내어 일정 기간 제한된 곳에서만 살게 하던 형벌이었다. 진도는 고려 시대 중기부터 유배지가 되었는데, 조선시대에는 귀양 보낸 사람이 가장 많이 살던 곳이었다. 진도에 처음 유배 온 사람은 이자겸의 아들 이공의였다. 진도 유배는 그후 계속되다가 손정도 한중전이 마지막 유배자가 되었

12) 배형식, 『고 해석 손정도 목사 소전』, 2-3쪽.
13) 「그리스도회보」, 1913년 12월 1일; 배형식, 『고 해석 손정도 목사 소전』, 6; 한중전, "진도 유배의 회고", 배형식, 『고 해석 손정도 목사 소전』, 27-28.

다. 손정도와 한중전은 일경의 말단 기관인 주재소, 오늘날의 파출소에서 정해준 방 두 칸을 얻어 자취생활을 했다. 손정도와 한중전이 유배된 진도에는 105인 사건에 연루되어 유배형을 선고받고 그들보다 닷새 앞서 진도에 와있던 이유필과 한진석이 있었다. 이들도 기독교인이라서 손정도와 함께 성경도 읽고 예배도 보았다. 한중전의 증언이다.

"손목사의 온후고덕함은 널리 여러 사람의 아는 바 되어 우리가 보는 책도 같이 보고 성경도 읽게 되어 몇 달이 지나는 동안 진도읍내는 물론이요 근방까지도 소문이 떨쳐 필경은 수십리 밖에 있는 교우가 찾아오게 되었다. 순사 형사를 위시하야 읍내의 몇몇 청년도 매일 와서 성경을 비롯하야 몇 가지의 공부를 시작하기로 되었다. 찬송가도 부르며 기도도 드리고 하며 예배도 보았다."[14]

1913년 6월 서울 정동교회에서 열린 미감리회 연회에서 손정도가 인사를 전하는 편지가 낭독되었다.

"...회장께서 미국 형제들의 부탁한 문안을 회중에 전하고 또한 중화민국에서 선교하다가 진도로 유배당한 선교사 손정도 씨의 편지를 회중에 낭독하였는데, 노블 감리사께서 해씨[그]를 위하여 간절히 기도하신 후에 회장께서 말씀하시기를 '손정도씨는 먼 섬 가운데 유배를 당하여 고난 중에 있을지라도 예전에 사도 요한이 발모 섬에 있을 때에 신령한 은혜와 묵시를 더욱 많이 받은 것과 같이 손정도씨도 은혜와 묵시를 더 많이 받은 줄 믿는다'고 설명하시다." [15]

---

14) 한중전, "진도 유배의 회고", 배형식, 『고 해석 손정도 목사 소전』, 28.
15) 『북감리회 제6회 연회일기』 (1913), 5.

손정도와 한중전은 그해 11월 5일 유배에서 풀려났다. 진도 유배형을 받은 지 1년이 지나서였다. 유배 중이던 1913년 손정도와 가족은 감리교회로부터 매월 30원씩 생활비를 지원받았다.[16] 진도에서의 유배생활에 대해서 손정도는 기록을 남기지 않았으나 한중전은 "진도 유배의 회고"라는 글을 남겼다. 이 글은 배형식이 쓴 『고 해석 손정도 목사 소전』에 들어있다.

손정도는 11월 10일 서울로 올라와 감리교신학교 학생들이 마련한 석방 위로회에 참석하였다. 위로회는 저녁 7시에 찬송, 기도, 성경낭독 순으로 진행되었다. 그 다음에는 배형식의 위로사, 학생들의 위로가, 최병헌 장락도 홍정숙의 연설이 이어졌다. 이 위로회에서 손정도는 감동할만한 답사를 하였다고 하는데 무슨 말을 하였는지는 알려진 것이 없다. 위로회에 참석한 사람들은 다과를 나누고 헤어졌다. 손정도의 서울 생활은 이렇게 시작되었다.

8. 정동교회의 담임목사

손정도는 1914년 6월 서울 정동교회에서 개최된 미감리회 연회에서 동대문교회 목사로 파송을 받았다. 당시 동대문교회는 평안북도 철산 출신으로 배재학당을 졸업한 노병선 전도사가 담임을 맡고 있었다. 그는 1897년부터 1901년까지 동대문교회에서 설교자로 활동한 적이 있었다. 당시 서울은 어떤 도시였을까? 북감리회 연회록(1914)은 서울이 한국에서 "정치상이나 종교상이나 중심점"이며 한국인들이 서울을 자기

16) 위 연회록, 14.

들의 "사회나 종교상에 표준"으로 본다면서 서울, 경기에 인구가 50만명 가량인데 감리교회 신자는 6천 3백명이라고 밝혔다. 『동대문교회 100년사』에 의하면, 손정도가 담임목사로 일하던 시기 동대문교회의 신도 수는 아동을 포함하여 1,700여 명에 달했다. 장로교회 감리교회, 기타 각 교파를 합해도 서울의 기독교인은 1만여 명에 불과했다.

정동교회가 미국 선교사 헨리 아펜젤러가 세운 교회라면 동대문교회는 의사였던 선교사 윌리엄 스크랜턴(William B. Scranton)이 동대문 언덕에 설립한 교회였다. 스크랜턴은 미국 북감리교회에서 한국에 파송한 선교사로 아현교회, 상동교회, 동대문교회 등을 설립하였고 전덕기 목사를 비롯한 많은 교회 지도자들을 길러냈다. 이 교회에서 1년 가까이 시무하다가 손정도는 1915년 4월 21일부터 열린 감리교회 연회에서 현순 목사 후임으로 정동교회에 파송되었다. 현순은 주일학교 총무로 파송되었다. 이 소식을 들은 동대문교회 신도들은 그의 정동교회 부임을 막으려고 농성에 나섰다. 손정도는 이들을 설득하고 정동교회로 일터를 옮겼다. 1914년 경성지방이 경성과 인천지방으로 분리되면서 손정도가 정동교회로 부임한 1915년에는 경성지방의 예배당과 기도처가 37개가 있었는데 목사는 7명이었다.

정동교회에서 일하면서 손정도는 가정생활에서 안정을 얻었다. 평양에 거주하던 가족들은 동대문교회 재직시 서울로 왔다. 큰 딸 진실과 작은 딸 성실은 이화학당에서 공부하고 있었고 아들 원일은 유년시절을 보내고 있었다. 둘째 아들 원태가 태어난 것도 이 때였다.

손정도는 3년 동안 목회하면서 정동교회를 2천 3백여 명이 출석하는 교회로 크게 부흥시켰다. 예배당도 증축하였다. 손정도는 선교사로 파송 받으면서 신학수업을 중단했는데, 서울에 있게 되자 신학 공부도 다시 시작하였다. 그가 감리교 협성신학교를 졸업한 것은 1917년이었다. 김종우 목사, 김창준 목사, 배형식 목사가 그와 신학교 동기였다. 1917년 연회에서는 북간도에 보낼 선교사의 자격을 심의하는 선교사자격선거위원에 피선되었으며 1918년에는 국내외선교회 위원으로 활동하였다. 손정도는 1911년 준회원 목사가 됐는데, 그로부터 7년 후인 1918년 6월에 정회원 목사로 안수받았다. 그러나 곧 휴직을 신청하였다. 손정도는 무슨 이유로 휴직을 신청했을까? 1918년 연회록에는 "휴직목사 손정도씨 월봉 20원"이란 기록만 남아있다. 우리가 그 이유를 알 수 없지만 그의 휴직 신청은 1918년에 들어서면서 목회생활에 중대한 변화가 있을 것을 예고하는 것이었다. 1919년의 연회는 3,1운동의 여파로 11월에 열렸는데 이 연회에서 상해 임시정부에서 일하던 손정도의 휴직이 1년 더 연장되었다.

손정도는 1916년부터 1917년 사이에는 기독교계 주간신문「기독신보」와 감리교 월간지「신학세계」에 몇 편의 글을 썼다. 이 시기에 쓴 글 중에 "조선의 변천을 논함"이라는 글은「신학세계」창간호(1916년 2월)에 기고한 것이다. 이 글에서 손정도는 동방으로 환하게 오르는 태양의 빛처럼 광명하신 하나님의 빛이 조선인의 어두운 마음을 비추고 있다면서 우리도 이와 같이 "악하고 어두운 세계를 철창으로 질그릇 부스러뜨리듯 하고 평화의 세계" 즉 사랑의 세계를 만들 것을 요청하였다.

> "이 세상아 네가 얼마나 어두뇨 밤보다도 더 어둡고 음부보다도 더 어둡고나. 네가 사람이 되어서 사람을 사랑할 줄 모르며 사람 죽이기를 팔구월 단풍에 나무꾼이 땔나무 베기보다 더 쉽게 여기는 자로구나. 무슨 까닭에 무엇을 얻고자 하야 서로 다투느뇨. 집이 집을 다투며 지방이 지방을 다투며 나라가 나라를 다두며 민족의 분간, 황색, 흑색, 백색의 분간과 동편 서편의 분간. 이처럼 서로 야단스럽게 서로 눈을 부릅뜨고 서로 칼을 겨루며 서로 대포를 겨누느뇨 무슨 까닭인가." [17)]

17) 손정도, "조선의 변천을 논함,"「신학세계」창간호(1916년 2월), 112-113.

손정도는 "이같은 일을 행하는 사람들아 너희의 어두운 것을 속히 회개하라"고 권면하였다. 사랑의 세계, 평화의 세계는 이런 행위를 회개하는 일로부터 시작되는 것이었다. 이 점에서 조선의 변천이란 종교상의 변천이었다. 그런데 사랑의 세계, 평화의 세계는 어떤 세계일까? "조선의 변천을 논함"에서는 이렇게 설명한다.

> "이 세계는 경쟁의 세계도 아니요 황금의 세계도 아니요 학문의 세계도 아니라. 이 세계는 신학 세계며 너희 앞에 속히 이를 세계며 하나님이 그 아들 예수 그리스도로 말미암아 지으신 세계라. 이 세계는 전쟁도 없고 시기도 없고 편당도 없고 민족 민족, 나라 나라, 황색 흑색 백색 홍색의 분간도 없는 신학의 세계니 신학의 세계여 속히 오시옵소서."

이 일을 조선교회에 맡기기 위해 광명하신 하나님의 빛이 조선인의 어두운 마음을 비추시는 것이었다.

> "하나님께서 우리를 택하셔 당신의 사자로 쓰시고자 하심으로 지난해에 전무한 대부흥회가 처처에 일어나서 백만명 기도와 백만명 찬미가 전국을 흔들 뿐 아니라 영미 양국 각 교회에서 조선을 위하여 특별히 날을 정하여 기도회를 열고 세계 만국이 다 주목하기에 이르렀으니 이와 같이 은혜 받는 때에 우리는 속히 자신력을 얻어 남을 믿지 말고 스스로 서서 동양에 선교하는 큰 기관교회가 되기를 간절히 믿고 바라나이다." [18]

---

18) "그리스도인의 자신력", 「그리스도회보」, 1911년 4월 15일.

제2부
상해에서

1. 북경에서-손정도와 하란사

손정도는 1918년 7월, 정동제일교회를 사임하였다. 그 후 평양에 머물면서 모종의 독립운동을 준비하고 있었던 것 같은데 그것이 구체적으로 무슨 일이었는지는 드러난 것이 없다. 다만 3.1운동 직전 1919년 2월의 행적 하나가 알려진 것이 있다. 2월 15일 손정도는 미국 북감리회 선교사 홀을 기념해 지은 기홀병원(The Hall Memorial Hospital)에서 이승훈을 만났다. 이 자리에서 이승훈은 손정도에게 독립선언서에 서명할 민족대표로 참여해 줄 것을 요청했고, 손정도는 중국행을 이유로 이를 거절한 것으로 보인다.

이승훈은 1907년 평양에서 안창호의 연설을 듣고 그 해 11월 평안북도 정주에 중등교육기관인 오산학교를 설립한 인물이었다. 1919년에 들어서서는 3.1운동을 준비하고 있었다. 비밀리에 3.1운동을 준비하고 있던 사람들에게 그 해 2월은 급박하게 돌아가고 있었다. 이승훈도 마찬가지였다. 이승훈은 2월 12일경부터 며칠 동안 선천, 서울, 평양을 왕래하면서 사람들을 만났다. 서울에서는 송진우를 만나 천도교와 합작할 것을 합의하였다. 송진우는 동경의 메이지대학을 졸업하고 귀국하여 중앙중학교의 교장으로서 학생들에게 민족의식을 불어넣고 있었다. 이 날 세브란스병원의 이갑성도 만났다. 2월 13일 이승훈은 선천에 도착하여 양전백 목사 집에서 이명룡 장로, 유여대 목사, 김병조 목사 등을 만나 천도교 측과 협의한 내용을 전하였다. 2월 14일 이승훈은 저녁 기차로 평양으로 출발하였다.

이승훈이 평양에 도착한 것은 2월 15일 아침이었다. 여기서 이승훈은 복통 때문에 기홀병원에 이틀 동안 입원했는데, 거기서 손정도를 만났다. 손정도는 신병치료차 이 병원에 입원해 있던 배재고보의 교장 신홍우를 병문안하려고 병원에 온 것이었다. 아마 그 날 늦게 또는 그 다음날 손정도는 다시 이승훈을 병문안 가면서 신홍식과 동행했다. 이렇게 해서 신홍식은 이미 안면이 있었던 이승훈과 만났고 이 과정에서 민족대표 33인 가운데 한 사람으로 참여하게 되었다. 이런 이야기를 이승훈의 경찰 심문조서를 통해 들어보자.

"문 선천에서 평양으로 갔다고 공술하였는데 누구의 집에서 유숙하였는가.

답 그 밤은 평양 황금정서 운송업을 하는 황극익 집에서 숙박하고 그 이튿날 아침 서경병원에 입원하여 복통증을 치료할 생각으로 갔으나 동 병원은 입원실이 없으므로 그 병원을 경영하는 김연옥과 의사 이태희를 만나 보고 동일 기홀병원으로 가서 2일간 입원하였다가 2월 16일 밤 기차로 상경하였다.

문 기홀병원은 누가 경영하는가.

답 누구인지는 모르나 미국사람이 경영하는데 그 사람은 본국으로 돌아가고 선인 의사 장진섭이가 있어서 동인의 진찰을 받고 있었다.

문 동 병원에 입원 중 누구를 만났는가.

> 답 그 병원 입원환자 중 전도사 서기풍을 만나서 동인에게 손정도를 만날 수 있느냐고 하니 서는 신홍우가 내일 아침에 온다는 들었다고 하였다. 그 이튿날 손정도가 와서 만나보고 경성의 유지들이 조선의 국권회복을 계획하기 위하여 독립선언을 하고 조선전토의 여론을 환기코저하고 있으니 찬성하라고 권하니까 찬성은 하나 자기는 근일 지나(支那)에 가려고 하니 같이 할 수는 없다고 하였다. 그 이튿날 손정도가 길선주, 신홍식을 다리고 왔으므로 동인 등에 대하여서도 손에게 말한 것과 같이 이 기회에 여론을 환기하여서 조선독립을 선언함으로써 국권회복을 위하여 대대적인 노력을 하는 것이 어떠냐고 권하니까 동인 등도 전력하여 여론환기에 노력할 것이라고 서약하였기 때문에 그 날 밤 기차로 상경하였다." [19]

이렇게 손정도는 평양 기홀병원에서 기독교 측의 3.1운동을 준비하고 있던 이승훈을 만났는데, 그 직후 "보통강 위로 대보름 달이 둥실 떠오른 밤"에 아내와 어린 자녀들을 남겨두고 집을 나섰다. "상주로 변장한 채" 북경으로 가는 기차에 올랐다. 37세의 손정도는 이 때 무슨 이유로 북경에 갔을까? 손정도가 독립선언서에 서명할 민족대표로 참여해 달라는 이승훈의 요청을 거절하고 중국에 갈 정도로 중요했던 일이 구체적으로 무엇이었는지 분명치는 않다. 『고 해석 손정도 목사 소전』(1949)을 쓴 배형식에 따르면, "3.1운동비밀회 의결로 목사님[손정도]과 현순목사 하란사 여사 등 3인은 외교선전 책임을 담당하고 3.1전(前)기(期)하야 국경을 탈출하야 북경경유로 상해를 행하셨다." 이들이 "외교선전"을 책임지고 중국으로 떠났다는 것이다.

손정도가 맡은 외교선전이 구체적으로 무엇인지는 이런저런 말이 있

---

19) 이병헌 편저, 『3.1운동비사』(시사시보사출판국, 1959), 341.

지만, 손정도 자신은 "소생은 거지로 변장하고 그 달 북경으로 가서 북경에서 3월 1일의 운동 준비에 진췌(盡瘁)하였"다는 말은 했다. 진췌란 말은 몸이 여위도록 마음과 힘을 다하여 애쓰는 것인데 3.1운동 준비에 진췌했다는 것으로 보아 그의 북경방문 목적이 3.1운동과 직접 관련된 것은 분명해 보인다. 이 말은 손정도가 상해에 도착해서 선교사 노블에게 보낸 편지에 들어있다.[20] 손정도의 중국행이 정동제일교회 교인이자 이화학당 교사였던 하란사와 거의 같은 시기에 이루어졌고, 이것으로 미루어 그의 북경 행은 하란사의 파리 평화회의 참석이나 또는 그녀가 관여했던 의친왕의 해외망명 기도와 연관됐을 것이라는 주장도 있다. 의친왕(이강)은 고종 황제의 5남이었다. 의친왕은 1901년 3월에는 미국 버지니아 주의 로노크 대학에서 수학하였다. 이때 김규식과 유학생들을 만났다. 김규식은 1897년 가을학기부터 이 대학 예과에 등록하였다. 그는 1903년 6월에 학부를 졸업할 때까지만 6년을 이곳에서 보냈다. 그 무렵 이 대학에는 고종의 아들 의친왕 이강(李堈)을 비롯한 30여 명의 한국학생들이 등록하고 있었다. 의친왕은 이후 로노크 대학교를 마치고 오하이오 주 오하이오 웨슬리언 대학 및 하와이와 샌프란시스코 등지를 돌아다니며 학업을 계속하였다.

의친왕은 1905년 4월 미국유학을 마친 뒤 귀국하여 그해 6월에 적십자사 총재가 되었다. 1910년 일제에 나라를 빼앗긴 뒤에는 항일독립투사들과 접촉하여 1919년 대동단(大同團)의 전협, 최익환 등과 상해 임시정부로의 탈출을 모의하였다. 이를 위해 같은 해 10월 10일 총재인 김가진과 전협이 먼저 상해로 탈출해 상해임시정부 국무총리 서리 안창호에게 협조를 요청하였다. 11월 9일 의친왕은 몇 사람의 수행원들과 함께 수색역을 출발해 열차편으로 압록강을 통과해 11월 12일 만주

20) 김창수 김승일, 『해석 손정도의 생애와 사상 연구』(도서출판 넥서스, 1999), 133.

안동(현 단동)역에 도착하였다. 그러나 안동에서 일본경찰에게 발각당하여 강제로 국내로 송환되었다. 그의 망명실패로 국내 항일 조직이었던 대동단 조직도 큰 타격을 입었다.

하란사는 1919년 1월말 서울을 출발하여 2월에 북경에 도착했다. 그런데 하란사는 3월 11일 북경 체류 중에 갑자기 병사했다. 중국신문「익세보益世報」(1919년 3월 13일)가 그녀의 갑작스런 죽음을 알렸다. "어제(11일) 오전 7시에 부영병원에서 한 많은 세상을 하직하였다." 부영병원(婦嬰病院)은 미국 북감리교가 합달문(哈噠門), 지금의 숭문문(崇文門) 내에 세운 부녀와 아동 전문병원이었다. 인근에 교회가 세운 동인병원도 있었는데 1952년 두 병원이 동인병원으로 합병되었다. 1906년 오하이오주 웨슬리안대학을 졸업한 하란사는 당시 45세였다.

하란사는 어떤 사람이었을까? 평안남도 안주 출신으로 본명은 김란사였으나 남편의 성을 따라 하란사(Nancy)라는 이름을 사용하였다. 1909년 4월 28일 서울 경희궁에서 거행된 여성 유학생 환영회에 7백명이 넘는 하객이 운집했다. 미국과 일본에서 학업을 마치고 돌아온 박에스터, 하란사, 윤정원 세 여성을 축하하는 자리였다. 유학생 환영회를 보도하면서「황성신문」(1909년 5월 5일)은 이들의 유학을 이렇게 평가했다. "아국 오백여년 부인계에서 외국에 유학하여 문명한 지식으로 여자를 교육함은 초유한 미사(美事)라 여자 학업이 종차(從此) 발달됨은 가히 찬하하겠도다." 세 여성에게 걸었던 한국여성들의 기대는 컸다. 그러나 유학생 환영회 일년 후인 4월 어느 날 박에스더는 폐결핵으로 사망했다. 사람들은 그의 단명을 슬퍼하였는데, 이번에는 하란사가 북경의 한 병원에서 객사한 것이었다.

하란사는 왜 파리 평화회의에 가려했을까? 파리에서는 1919년 1월 18일부터 1차대전 후의 유럽질서를 재편하기 위해 평화회의가 열리고 있었다. 이 무렵 미국 대통령 우드로 윌슨이 민족 자결주의를 이야기했다. 이 말에 고무된 한국의 독립운동가들은 파리회의에서 민족 자결주의가 관철될 것이라는 희망을 가졌다. 민족자결 원칙의 전제는 어떤 나라든 다른 민족을 전제적으로 지배하는 것이 부당하다는 것이다. 독립운동을 하고 있던 몇몇 단체에서 파리회의에 대표를 파견하였다.

파리에서 평화회의가 열리게 되자 개인적 생업에 종사하던 김규식이 파리로 출발했다. 김규식을 파리회의에 파견한 모체는 신한청년당이었다. 신한청년당은 여운형, 장덕수, 선우혁 등 개신교인이 주축을 이룬 단체로 3·1운동과 직결된 조직이었다. 여운형은 남경의 금릉대학에서 공부한 후 1917년부터 상해에서 한인교회를 맡고 있었다. 여운형이 신한청년당을 조직한 계기가 된 것은 찰스 크레인(Charles R. Crane)의 연설이었다. 크레인은 미국 대통령 우드로 윌슨(Woodrow Wilson)의 재정 후원자이자 친구였는데, 1918년 동아시아를 방문했다. 크레인은 요코하마, 교토와 나라를 여행한 후 시모노세키에서 한국에 왔다. 하루 저녁은 조선중앙기독교청년회(YMCA)가 아름다운 옛 궁궐에서 베푼 만찬에 참석했다. 상해 방문은 그 다음이었다. 공식 직함은 없었지만, 윌슨의 전후 정책인 14개조를 선전하기 위한 윌슨의 비공식 사절이라는 인상을 주었다. 1918년 11월 27일 여운형은 상해 영파로(寧波路)에 위치한 칼튼 카페에서 개최된 크레인 환영회에 참석했다. 여운형은 크레인의 연설에 큰 감명을 받았다. 크레인은 윌슨 대통령이 무력이 아닌 정의와 보편적 상호이해에 기초한 세계공화국(world republic)을 건설하려 한다고 강조했다. 훗날 여운형은 일제 심문 과정에서 칼튼 카페에서의 크레인 연설을 이렇게 기억했다.

"크레인은 지금 파리에서 개최되고 있는 세계평화회의는 각국 모두 중대한 사명을 다하는 것으로 그 영향도 또한 큰 것이다. 즉, 각국 간의 감정 오해 등을 제거해 진정한 세계평화를 초래하고, 또 피압박 민족에 대해서는 그 해방을 강조함에 의해 피압박 민족에게 있어서는 그

해방을 도모하는 데 최적의 기회이기 때문에 중국에서도 대표를 파견해 피압박 상황을 말하고 그 해방을 도모해야만 한다는 연설을 하였던 것이다."[21]

중국인들에게 파리평화회의에 대표를 파견하여 독립을 주장하라는 강연이었다. 여운형은 크레인의 중국 동정과 파리강화회의 대표 파견 권유에 크게 고무되었다. 신한청년당의 결성도 이 강연이 계기가 된 것이었다. 1918년 여름부터 장덕수, 조동호, 신석우, 신국권 등과 긴밀한 연관을 맺고 있었으며, 크레인 청원서 제출을 계기로 1918년 11월 28일 신한청년당을 공식 조직한 것으로 보인다.[22] 신한청년당의 공식 기관지인 『신한청년(新韓靑年)』 중국문 창간호는 당의 창당일자가 1918년 11월 28일이라고 밝히고 있다.

신한청년당은 미국에서 공부한 김규식을 대표로 파견했다. 여운형은 1919년 초 선우혁을 국내로 보내 개신교 지도자 이승훈, 양전백 등에게 파리평화회의의 소식을 알렸으며 장덕수 등을 일본에 파견하여, 궐기를 준비 중이던 한인 유학생들에게 실행을 독려하였다.

김규식이 파리평화회의에 참석하기 위해 상해를 떠난 것은 1919년 2월 1일이었다. 김규식은 1919년 3월 31일 파리에 도착하였다. 그가 평화회의에 참가하게 됨으로써 민족해방운동 전선의 중심에 위치하게 되었다. 파리로 출발할 때 신한청년당 대표였던 김규식은 4월 13일 대한민국 임시 정부가 상해에 수립되자, 임시 정부 외무총장 겸 파리위원부 대표가 되었다. 임시 정부를 대표하게 된 김규식은 각국 대표단을 만나 한국 문제를 파리 평화회의에 안건으로 상정해 줄 것을 요청하였다.

---

21) 정병준, 3.1운동의 기폭제- 여운형이 크레인에게 보낸 편지 및 청원서", 「역사비평」(2017년 5월), 230-31.

22) 위 논문, 237.

그러나 제1차 세계 대전의 승전국이었던 일본의 방해와 열강들의 외면으로 한국 문제는 파리회의의 안건으로 상정되지 못했다. 김규식이 파리를 떠난 것은 8월 9일이었다. 한편 러시아에서 설립된 대한국민의회에서는 윤해와 고창일을 보냈다. 그러나 두 사람은 파리회의가 마무리된 9월에 도착하여 별다른 활동을 벌이지 못하였다.

「익세보」(1919년 3월 13일)에 의하면 하란사 역시 "비밀리에 파리에 가서 평화회의에 한국의 사정을 알릴 계획을 세우고 있었다."

> "최근 북경에 거주하고 있던 한국 애국부인 한나사[하란사]는 조국의 독립운동이 실패하고 남편의 생사조차 확인되지 않자 울분하여 선혈을 몇 되 각혈하고 어제(11일) 오전 7시에 부영병원에서 한 많은 세상을 하직하였다. 그녀는 올해 47세이다. 1894년 미국으로 건너가 뉴욕 고등학당에 입학하였다. 졸업한 후 1906년 오하이오 웨슬리대학 문과에 입학하여 문학사 학위를 받았다. 귀국한 후 감리교(메더디스트, 미이미회)에서 설립한 여자학교 교장을 맡았다. 1916년 감리교가 미국에서 대회를 개최하자 한국대표로서 참석하였다. 이번 북경에 도착하여 육국호텔(六國飯店)에 머물렀다가 3일 후에는 중국인 친구의 집으로 옮겨 2주간 머물렀다. 그녀는 동창생 한명과 함께 비밀리에 파리에 가서 평화회의에 한국의 사정을 알릴 계획을 세우고 있었다. 때마침 독립운동의 실패했다는 소식을 듣고 남편도 불상사를 당하지 않았을까 근심하다가 각혈하였다. 얼마 전에는 친구의 집에 가서 일본인의 잔인함을 크게 꾸짖었다. 듣는 바에 의하면 마음 속 상처를 입고 얼마 지나지 않아 병원에서 한 많은 세상을 하직하였다 한다. 중국인 친구는 이미 전보로 한국에 있는 그녀의 가족에게 알렸다고 한다. 만약 며칠 사이에 답전을 받지 못하면 북경에서 자리를 마련하여 안장할 예정이라고 한다. 오호, 망국인 유해여, 차마 눈뜨고 볼 수 없노라."

하란사의 사망 무렵 북경을 방문 중이었던 현순의 전언에 의하면, 하란사는 유행성 독감에 걸려 병사했다. 이 시기의 독감은 제1차 세계대전이 막바지이던 1918년 봄에 발생하여 1919년 봄까지 전 세계로 퍼져나가 적게는 2,000만 명, 많게는 1억 명 이상의 사망자를 낸 병이었다. 하란사도 이 스페인 독감의 희생자였다. 조선에서도 이 독감이 유행했는데, 유행감기, 유행독감, 악성감모, 서반아감기 등 다양한 명칭으로 불렸다.[23] 그 남편 하상기가 북경에 와서 중국인 예배당에서 장례식을 행하고 북경성 밖에 장사 지냈다.

> "당시에 손정도는 북경에 먼저 와서 합달문 내에 있는 감리교회 소영[운영] 병원에 유숙하고 하란사 여사도 와서 체류 중에 우연히 유행성감모(感冒)에 걸리어 고통타가 불행 병사하매 자금성으로 그 남편 하상기가 래하야 화인예배당에서 장식을 행하고 북경성 외에 안장하였다."

현순은 자신의 젊은 시절을 중심으로 회고록에 해당하는 자서전 '현순자사(玄楯自史)' 필사본을 남겼다. 이 글의 "3.1운동과 나(我)의 사명"에 등장하는 이야기다.

하란사는 이렇게 파리행을 시도하다 북경에서 사망했다. 어떤 이들은 파리평화회의에 편지를 보내 조선의 독립을 호소했다. 하란사의 죽음을 보도했던 「익세보」(益世報, 1919년 3월 28일)는 "조선 여학생의 호소"(朝鮮女學生之呼籲)라는 기사에서 자림보」(字林報)의 보도를 인용, 한국 여학생이 미국의 윌슨 대통령과 파리 평화회의 관련 인사에게 보낸 영문 편지 한 통을 소개하였다.

---

23) 김택중, "1918년 독감과 조선총독부 방역정책", 「인문논총」 제74권 제1호 (2017.02.28.), 173.

"정의와 인권 신장에 앞장서고 있는 파리평화회의 참석자 여러분! 하느님 앞에서 한국의 섬약한 여자들은 여러분들께 간곡한 부탁을 드립니다. 아녀자로 불행하게 당한 수치와 모욕을 누구한테 하소연할 수 있겠습니까. 누구한테 원조를 요청할 수 있겠습니까. 하늘을 향해 통 탄할 뿐이었습니다. 지금 각지의 인민들이 모두 자유를 요구한다 들었습니다. 따라서 우리 한인은 남녀노소 할 것 없이 일어나서 우리가 받 고 있는 압제에 대하여 알리고 한국의 독립을 호소하게 되었습니다. 공리(公理)가 신장되지 않고 인도(人道)가 없다고 호소하였습니다. 그러나 우리들은 도리어 구타를 당하고, 체포되어 투옥되고, 총검에 찔려 부 상을 입고, 머리채를 잡혀 끌려가고, 가옥이 파괴당하고, 주말에는 예배를 보는 것이 금지 당했습니다. 검문을 당하여 기독교인으로 확인되 곤봉과 주먹질을 당하여 여러 사람이 피살되기도 하였습니다. 그러나 우리들은 오로지 두 손 들어 하늘을 향해 나라를 위해 자유와 공리 를 요구하였을 뿐입니다. 여러분들이 우리를 가엽게 여겨 한국의 독립을 승인하여 주십시오. 여러분들이 나서서 일본의 이러한 혹형과 불공정한 대우를 막아주십사 부탁드립니다. 우리들은 이 호소문이 평화회의에 전달되지 못할 수도 있다고 생각합니다. 그러나 누군가 받아 보고 우리들의 고통을 애통하게 여겨 평화회의에 전달할 수 있지 않을까 생각합니다. 나이가 어리고 유치하여 틀린 내용이 한두 가지가 아니라 생각됩니다. 우리들에게는 아무런 권력도 없고 어디에 가서 억울함을 호소할 곳조차 없습니다. 다만 우리들의 노력이 하느님을 감동시키고 여러분들 도 우리들의 목소리에 귀를 기우려 주십사 기도할 뿐입니다. 그리고 우리들이 끝까지 일본의 협박에 저항하지 못하고 핍박에 못 이겨 '한일합병'을 청구하는 문서에 서명하게 된 것은 절대로 진심에서 우러나온 것이 아닙니다. 오로지 일본의 간교한 계략에서 비롯된 것입니다. 미국 대 통령 윌슨님이여, 우리들은 당신을 자애로운 아버지처럼 생각합니다. 우리들의 독립선언을 귀담아 들으셔서 세계 각국에 알려 주십사 간곡 하게 기도드립니다.

1919년 3월 10일 한국 여학생 삼가 올립니다."

이 편지에서 볼 수 있듯이 한국인들이 파리평화회의에 거는 기대는 컸다. 이 회의는 1919년 1월 18일부터 파리에서 열렸다. 세계 30여 개국이 참전했던 제1차 세계대전은 1918년 11월 11일 영, 불 등 연합국과 독일 사이에 체결된 휴전조약으로 끝났다. 유럽에서 진행된 전쟁으로 유럽을 장기간 무질서 속에 빠뜨린 결과, 질서를 회복하고 지킬 필요가 있었다. 이를 위해 유럽의 정치, 외교의 중심지인 파리에서 장기간 그리고 다양한 회의를 진행하였다. 영국과 프랑스, 미국 주도로 이루어진 약 5개월간의 기본 협의와 이에 따라 차례로 진행된 패전국과의 조약협상이 1920년까지 진행되었다. 약 5개월에 걸쳐 기본회의가 진행되었고, 여기에서 얻어진 원칙과 약속에 따라, 패전국과 차례로 조약이 체결되었다.

우리나라 대표가 국제 평화회의에 간 것은 1907년의 헤이그 평화회의가 처음이었다. 이 회의의 주창자는 러시아의 황제 니콜라이 2세로 1899년 1회 회의가 네덜란드 헤이그에서 열렸다. 1907년 헤이그에서 제2회 만국 평화회의가 열리자 고종은 사절단을 파견해 이를 주권회복의 무대로 활용하려고 했다. 이것이 1907년 6월에 발생한 이른바 헤이그 밀사사건이었다. 일본이 1905년 대한제국의 외교권을 박탈해 한국을 일본의 보호국으로 만드는 을사조약을 강제로 체결했는데, 특사의 파견은 세계 여론에 호소하여 이 조약의 부당성을 알리고자 한 것이었다.

헤이그 밀사사건이 알려지면서 고종에 대한 일본 내의 비판적 여론이 고조되었다. 이토 역시 고종을 압박하였다. 이 상황에서 대한제국 정부는 날마다 내각회의를 열어 수습대책을 강구했다. 1905년 학부대신으로서 을사조약 체결에 앞장섰던 이완용은 이제는 내각총리대신으로 고종이 황제 자리를 물려줄 것을 주장하였다. 7월 17일과 18일에는 모든 각료가 입궐하여 황제가 헤이그 사건의 책임을 지고 제위에서 물러날 것을 재촉했다. 일본 역시 이 사건을 빌미로 고종에게 퇴위할 것을 종용했다.

고종이 순종에게 양위한 것이 일본정부의 압력과 친일세력의 영합 하에서 이루어진 것이라는 소식이 전해지자 이에 반대하는 국민의 감정이 들끓었다. 고종의 양위가 알려진 7월 20일 수많은 유생들과 사람들이 대한문 앞에 모여 통곡했다. 격분한 민중은 이완용의 집에 불을 지르고 서대문밖의 경찰분서를 파괴하고 일진회의 기관지 국민신보사를 습격하여 윤전기를 파괴했다. 그 뿐이 아니었다. 신문들은 여론을 더욱 격분시켰다.

「황성신문」은 "아! 산하가 깨어져 부서지고 국가가 창망(滄茫)하여 많은 눈물과 피를 토해내고 있다"고 탄식했다.「대한매일신보」는 "한국대신들이 외국 사람이 시키는 것을 좇아 황제를 협박하는 지경에 이르렀으니, 그 사람이 누구인가" 물으면서 총리대신 이완용과 대신들을 지탄했다. 이런 당시의 신문 보도는 한상일이 쓴『이토 히로부미와 대한제국』(2015)에 상세히 소개되어 있다. 일이 여기서 끝난 것이 아니었다. 헤이그 밀사사건의 결과로 나타난 고종의 강제 퇴위, 한국의 주권을 송두리째 앗아간 정미7조약, 그리고 한국군의 해산은 의병이라는 전국적인 무력항쟁으로 발전해갔다. 의병의 무력항쟁과 이를 무마하기 위한 순종의 선유사 파견은 앞에서 언급했다.

2. 손정도와 현순

정동제일교회 담임목사 시절 그 교회의 교인이자 이화학당 교사였던 하란사의 돌연한 죽음은 생각조차 못했던 일이었다. 손정도의 북경 방문이 하란사의 파리 평화회의 참석과 무슨 관계가 있었을 것이라면 하란사의 죽음은 손정도가 북경에 온 목적이 무산된 것이나 마찬가지였다. 바로 그때 상해에 머물던 현순과 최창식이 북경에 왔다. 그들과 상의한 결과 손정도는 상해로 떠나기로 했다. 손정도는 3월말 건강이 좋지 않은 상태에서 현순과 함께 상해로 갔다. 현순 목사는 손정도의 정동제일교회 전임자였다.

현순은 1919년 2월 24일 39세의 나이에 용산역에서 남만주행 기차를 탔다. 후일 현순은 이 때를 '현순자사'에서 이렇게 기억했다.

> "24일 밤에 아내에게만 고별하고 나는 용산역에서 남만주 차를 타고 출발할 새 부원 중에서 박희도 1인이 역에 나와 전송하며 자기의 금시계를 간부 신표(信標)로 나에게 주었다. 노친(老親) 유아들에게 알리지 않고 극비리에 길을 떠나는 나는 중대한 사명을 지고 먼 여행에 임하매 뒷일은 부원들에게 신탁하고 신앙과 희망만을 앞세우고 남만주로 향하였다."[24)]

현순의 중국행은 손정도에 비하면 목표가 분명했다. 현순은 서울에서 3. 1운동 준비에 참여했다가 상해로 가게 되었다. 기차로 봉천(현 심양), 천진, 남경을 거쳐 그가 상해에 도착한 날은 봄비가 내리고 있었다. 그가 탄 기차는 3월 1일 오후 7시경 상해역에 도착하였다.

그런데 현순은 어떻게 3.1운동에 참여하게 됐을까? 3.1운동 모의에 현순을 끌어들인 것은「기독신보」의 조선인 사장 겸 주필 김필수 목사

---

24) '현순자사(玄楯自史).' 원문은 *My Autobiography*(Institute for Modern Korean Studies Yonsei University, 2003), 291-324에 들어 있다.이 글 중 16장 "三一運動과 我의 使命" 부분의 현대문은 「기독교사상」(2020년 3월), 30-46.

였다. 김필수는 1903년 황성기독교청년회(YMCA) 창립 당시 2명뿐이던 한국인 이사에 선임되고 1915년에는 한국인으로는 첫 장로교 총회장에 당선된 인물이었다. 그는 같은 해 장로교와 감리교가 연합해 창간한 「기독신보」의 주필에 취임하였다. 김필수는 1919년 2월 19일 오후 2시경 현순을 이갑성의 집으로 데리고 갔다. 현순의 기억에 따르면, 그 자리에는 이승훈, 함태영, 이갑성, 안세환, 오기선, 박희도 등이 모여 있었다. 그날 토의의 주제는 독립운동이었다. 김필수는 토의 중에 귀가하고, 현순, 이승훈, 함태영, 이갑성, 안세환, 오기선, 박희도는 "기독교회를 대표하야 간부를 조직하고 천도교회와 합동운동하기로 결의하였다."

2월 20일 밤 현순은 이승훈과 함께 천도교 측의 최린을 방문하고 독립운동에 대해 상의했다. '현순자사'에 의하면, "국내의 운동을 국외에 선전하야 외양(外洋) 동포들에게 알리며 열강에 선포하야 세계여론을 기(起)케 할 필요를 절감한 부원들은 외교통신원 1인을 상해로 파견하여 파리평화회의와 미포 교유 동포들에게 통고하며 외양형세를 시시로 살피어 국내로 통신케 할 사명을 주자 함을 결의하고" 현순에게 그 임무를 주었다. 3.1운동에 참여했던 박희도의 취조 조서에 따르면, 3.1운동을 준비하던 사람들은 "열국에 대하여 독립을 승인하여 줄 뜻의 문서를 발송"하려 하는데 "현순은 영어를 잘하니" 상해에 보내기로 결정했다.

마침내 1919년 2월 24일 밤 현순은 가족들을 남겨둔 채 용산역에서 남만주행 기차를 탔다. 현순은 25일 이른 아침 신의주역에 도착, 장로교 목사 한 사람을 만난 다음 오후에 인력거를 타고 압록강철교를 건넜다. 그 날 밤 단동역을 떠나 26일 아침 봉천역에 도착하였다. 봉천에서 최창식을 만났다. 두 사람은 천진, 남경을 거쳐 3월 1일 오후 7시경 상해에 도착했다. 먼저 2월 5일 동경으로부터 상해에 도착한 이광수와 함께 독립선언서를 영어로 번역하여 해외에 널리 알리는 작업을 시작했다. 국내 3·1운동의 진행 경과를 해외 각지의 동포들에게 전달하는 일도 했다. 4월 임시정부 발족 후에는 외무차장, 외무위원에 선임되었다.

하란사, 손정도, 현순이 3.1운동 직전에 북경이나 상해로 갈 때만 해도 그들은 우리 조국의 생존과 자주독립을 위해 헌신하기로 각오한 한국교회의 젊은 지도자들이었다. 손정도는 북경에서 3.1운동 소식을 들었다. 3.1일 만세운동을 일으킨 곳은 서울을 포함 8-9곳이다. 평양, 진남포, 정주, 안주, 의주, 선천, 원산. 일제강점기 민족 항쟁의 중심지는 일찌감치 근대화가 진행됐던 평양을 중심으로 한 서북지역이었다. 이 지역은 근대문명 수용이 빨랐을 뿐 아니라 기독교의 수용 및 확산 속도도 빨랐다. 그리고 평양에는 한국 최초로 대학 학제를 도입하여 근대학문을 가르친 숭실대학이 있었다. 지역적으로는 평양, 종교적으로는 기독교, 교육기관으로는 숭실이 근대적이었고 민족적이었다. 이처럼 근대성과 민족주의의 결합력이 강했던 평양지역에서 기독교에 바탕을 둔 숭실대학은 신민회와 105인 사건, 조선국민회 활동, 3·1 독립만세운동의 중심에 있었다.

3·1독립선언서에 서명한 민족대표 33인 가운데 숭실 출신으로 김창준(숭중, 숭대), 박희도(숭중)가 있다. 독립선언서에 서명한 민족대표 33인 외에 만세운동을 계획, 조직하고 적극 가담한 핵심인물까지를 포함하여, 일제 법정에서 재판 받은 이들을 민족대표 48인으로 칭하는데, 민족대표 48인 가운데에는 숭실 출신으로 안세환이 포함되어 있다. 안세환은 길선주 목사로부터 거족적인 독립만세운동 계획을 전해 듣고 평양지역 거사를 주도한 인물이었다. 그는 숭실 선배이자 평양 기독교계의 지도자인 선우혁, 변인서, 김선두, 윤원삼, 정일선 등과 만세운동을 계획하였다.

3·1운동이 일어나자 신문과 잡지를 비롯한 중국 언론들은 다양한 보도와 논평을 내놓았다. 중국의 첫 보도들을 살펴보면 그 출처는 주로 서울 혹은 도쿄, 오사카에서 온 전보들, 그리고 로이터 통신과 중국의

외신들이었다. 예컨대, 중국신문「익세보」(益世報)에 실린 3.1운동 보도를 들 수 있다. 이 신문은 1915년 10월 중국천주교 천진교구 부주교인 뇌명원(雷鳴遠, Vincent Lebbe)이 천진에서 창간한 일간지였는데, 3.1운동의 실상을 전달하고 한국인의 독립운동을 지지 성원하는 데 앞장섰다.

이 신문은 1919년 3월 27일, 28일 보도에서 특히 평양의 3·1운동에서의 숭실 출신 지도자들의 활동상을 보도했다. 기사에 등장하는 김선두는 평양 서문외(또는 서문밖)장로교회 담임목사로 3.1운동이 일어나자 평양을 중심으로 주동적 역할을 하다 투옥된 인물이며, 강규찬은 평양 산정현장로교회 담임목사로 김선두와 마찬가지로 평양 일대에서 일어난 3.1운동에서 주도적 역할을 했으며 이 일로 2년간 복역한 인물이었다.

신문기사를 좀 더 이야기하면 다음과 같다. 1919년 3월 1일 오후 1시, 평양 장대현교회의 종소리를 신호로 교회 옆 숭덕학교 운동장에서 평양의 장로교회 연합으로 1천여 명이 모여 광무황제 봉도식과 독립선언식을 거행하였다. 봉도식에 이은 독립선언식에서는 단상에 대형 태극기를 걸고, 당시 대한예수교장로회 총회장이자 서문외교회 목사 김선두가 사회를 맡았다. 서문밖교회 전도사로 있던 정일선 장로가 서울에서 보내온 독립선언서를 낭독하고, 산정현교회를 담임하던 강규찬 목사가 독립운동에 관한 연설을 했다. 미북장로회 선교사 번하이젤(Charles F. Bernheisel)은 이날의 광경을 다음과 같이 기록으로 남겼다.

> "한국에서의 독립운동
>
> 조선, 평양 1919년 3월 1일. 이 날은 이 나라 역사에서 기억할만한 날이다. 전 대한제국 황제이던 이태왕(李太王;고종)이 최근에 죽었으며, 모레는 장례식 날로 예정되었다. 그 장례식은 일본제국의 황족의 자격으로, 국장(國葬)으로 치러질 예정이다. 그 장례식은 신도의식(神道儀式)에 따라 엄수되어 질 것이다. 그런데 한국인들은 이에 매우 분노하고 있

다고 한다. 왜냐하면 그 장례식이 자기 나라 의식에 따라 치러지기를 원하기 때문이다. 그래서 장례식 때에 서울에서 벌어질 일에 대해 많은 소문이 떠돌고 있다.

고(故) 고종 황제를 애도하는 봉도회(奉悼會)가 이 도시에서 열릴 것이라고 며칠 전에 발표되었다. 한 모임은 숭덕학교(기독교계 남학교), 다른 모임은 감리교회, 그리고 세 번째 모임은 천도교 본부에서 각각 열릴 것이다. 천도교는 전국에 널리 퍼져있는 반(半)-종교적이고, 반(半)-정치적인 조직이다. . . . 내가 들어섰을 때에는 제5교회(서문외교회)의 목사이며 장로회 총회장인 김선두 목사가 이야기하고 있었다. 제4교회(산정현교회)의 강규찬 목사는 이미 고종황제의 생애를 이야기했다. 이야기를 마친 후 김선두 목사는 이제 송영가를 부르고 축도를 하며 봉도회를 마친다고 말했다. 그리고 나서 사람들에게 다음 순서가 남았으니 그 자리에 그냥 앉아있어 달라고 말했다.

축도를 한 후, 김선두 목사는 베드로전서 3장 13-17절, 로마서 9장 3절의 두 성경 본문을 봉독했다. 그가 이 말씀을 엄숙하게 읽는 것을 볼 때, 심각한 일이 남아있다는 것은 분명했다. 그리고 신학교를 졸업하고 제4교회(산정현교회) 전도사로 있는 정일선이 연단에 올라서서, 읽어서 알려드려야 할 중요한 것이 있다고 말했다. 그는 오늘이 그의 평생에서 가장 행복하고 영광스러운 날이며, 내일 죽는 한이 있더라도 이것을 읽지 않고는 못배기겠다고 말했다. 청중들은 굉장한 박수갈채를 보냈다. 그러자 그는 사실상 한국 민족의 독립을 선언하는 독립선언서를 낭독하기 시작했다. 낭독이 끝나자, 한 사람이 올라가 사람들이 지켜야 할 것을 설명했다. 불법적인 짓을 해서는 안 되고, 모두 주어진 지시에 따를 것이며, 관헌에게 저항하지 말고 일본인 관리나 민간인들을 해치지 말라고 말하였다. 그리고 나서 강규찬 목사가 민족 독립에 대한 연설을 했다. 연설이 끝날 때 즈음에 몇 사람이 태극기를 한 아름씩 건물에서 가지고 나와서, 사람들에게 나누어 주었다. 커다란 태극기 하나가 연단에 걸리자, 군중들은 만세를 부르기 시작했으며, 태극기가 물결쳤다. 그리고서 우리 모두가 대열을 지어서 태극기를 흔들며 '만세', '만세'를 부르며 거리를 행진하자고 그들에게 설명했다."[25]

봉도회가 끝나고 사회를 맡은 목사 김선두가 대중을 향해 이렇게 외쳤다.

"만약 여러분이 열심히 선한 일만 하면 누가 감히 여러 분을 해코지 하겠습니까. 정의를 위하여 수난을 당한다면 그것은 복된 것입니다. 남들의 위압에 굴복하지 마십시오. 무질서한 행동을 하지 마십시오. 여러분이 마음속으로 그리스도를 주인으로 모신다면, 누군가 여러분에게 마음으로 바라는 바가 무엇인가 물어오면, 준비된 마음으로 온화한 태도로 당당하게 대답할 수 있을 것입니다. 아무런 두려움 없이 양심이 시키는 대로 행동한다고 말할 수 있을 것입니다. 여러분이 이로 인해 비방을 당하고 모욕을 당한다 하여도 기독교인으로 선을 행하는 사람이 될 것입니다. 여러분의 행동이 정의로 말미암아 수난을 당 한다고 하면, 정녕 이것이 하나님의 뜻이라면 악을 행하여 수난을 당한 것보다 훨씬 낫습니다. 나는 기독교인으로서 진리만 이야기할 뿐 거짓말을 할 수 없습니다. 나의 양심에 따라 이야기할 따름입니다. 그리스도의 신성함이 나를 위하여 증거가 될 것입니다. 나는 평생 하나의 걱정밖에 없습니다. 나의 피붙이인 형제자매가 망국민이 된 것을 통탄할 뿐입니다."

25) 김승태, "평양에서의 3.1운동과 김선두 목사," 「기독교사상」(2018년 5월), 92-94.

정일선 장로가 독립선언서를 낭독한 후 강규찬 목사가 설교했는데, 「익세보」는 그의 설교를 상세히 실었다.

"아아! 지나간 시대는 우승열패의 시대이고 약육강식의 시대였습니다. 공리(公理)는 찾아볼 수 없었고 오로지 강권(强權)만이 난무하는 시대였습니다. 약자는 인자함을 가지고 있고, 유연한 자는 정의로움을 가지고 있어도 살아남을 수 없었습니다. 생명을 아끼시는 하나님의 은총을 입어 비로소 구라파전쟁을 끝장내고 세계를 개조하는 새로운 길로 나갈 수 있게 되었습니다. 정의와 인도가 빛의 뿌리를 내릴 수 있는 시기가 되었습니다. 난무하는 폭력을 비로소 제지할 수 있게 되었습니다. 파리평화회의가 개최되어 민족자결주의를 표방할 수 있게 되었습니다. 약소국가의 민족들이 그동안 품고 왔던 울분을 토로할 수 있는 기회를 가지게 되었습니다. 참으로 만나기 힘든 소중한 시기를 맞이하였습니다. 폭력으로 가득 찼던 세상이 정의로운 세계로 변했습니다. 강자와 약자가 함께 생존할 수 있는 세상이 되었습니다. 인도주의가 승리를 거두었습니다. 모두가 대자대비하신 하나님의 은총입니다. 우리는 어떻 게 하여야 하나님의 이런 은총에 보답할 수 있을까요. 우리 한국 민족 은 원래 동방의 문화민족이었습니다. 신성한 자손이 세운 나라입니다. 그런데 갑자기 이민족의 압제를 받은 지 올해로 10년이 됩니다. 죽음의 공포만 있었을 뿐 삶의 쾌락이란 도저히 찾아볼 수 없었습니다. 자연의 섭리와 공리에 힘입어 우리나라가 독립을 선포한 것이 얼마나 다행스러운 일입니까. 이것이 꿈입니까, 생시입니까. 1919년 3월 1일 우리 한 국이 독립을 선포한 날입니다. 우리 2,000만 동포의 자자손손은 이 날 을 노래와 춤으로 맞이하여야 할 것입니다. 어떻게 하면 하나님의 은총 에 보답할까 생각하여야 할 것입니다. 오로지 한 가지 방법밖에 없습니다. 모두가 정신 차리고 일어서서 하나님의 뜻에 따라 우리 민족의 자유를 획득하여 자자손손의 생존을 도모하는 길입니다. 구차하게 한순 간의 삶을 도모하고 개인이나 가족을 돌보지 말아야 할 것입니다. 자유를 찾다가 희생되는 것이 노예가 되어 살아가는 것보다 백 배 낫습니다. 동포 여러분, 모두 힘을 합하여 한마음 한 뜻으로 독립과 자유의 정신을 관철시켜 하루 빨리 독립을 이룩하기 위하여 죽음도 마다하지 말기를 바랍니다."

강규찬 목사의 연설이 끝나자 만세 삼창 소리가 하늘가에 울러 퍼졌다. 감격과 울분의 소리와 박수 소리가 저 멀리까지 울려 퍼졌다. 설교를 맡은 강규찬은 평안북도 선천에서 출생했다. 어릴 때부터 한학을 공부한 강규찬은 1908년에 신성학교의 교사로 부임하여 정석해, 박형룡, 백낙준 등의 후학들을 키웠다. 1911년 신성학교 교사 시절 일제가 날조한 105인 사건으로 윤치호, 양기탁, 이승훈, 양전백 등과 함께 투옥. 출옥한 강규찬은 평양신학교에 진학하였고, 졸업 후 산정현교회의 목사로 부임하여 한국교회와 사회를 깨웠다. 그는 목회자이자 애국자로서, 3·1 운동 당시 붙잡혀 서대문 구치소에 수감되었다. 미국 북장로회 선교사 번하이젤이 남긴 기록을 보면 김선두 목사는 베드로전서 3장 13~17절, 로마서 9장 3절을 봉독하는 것으로 독립선언식을 개회했다. 숭실 출신의 김선두 목사와 정일선 장로는 함께 만 1년2개월의 옥고를 치르고 1920년 4월 30일 만기로 석방됐다.

김선두 목사(1876-1949)의 애국적 생애는 오늘날의 북한에서도 기억되고 있다. 1991년 5월 미국에 거주하고 있던, 손정도의 둘째 아들 손원태가 평양을 방문했을 때 김일성은 손원태와의 담화에서 "김성락의 아버지는 3.1인민봉기 지도자의 한 사람이었습니다."라는 말을 했다. 김성락 목사는 1981년과 1982년 두번에 걸쳐 평양을 방문했는데, 그의 부친이 바로 김선두 목사였다. 김선두는 당시 평양 서문밖교회의 담임목사요 대한예수교장로회 총회장이었는데, 3월 1일 평양 숭덕학교 운동장에서 열린 독립선언식에서 "구속되어 천년을 살기보다는 자유를 얻어 100년을 살아가는 것이 낫다."라는 내용의 연설을 하였다.[26] 이 사건으로 김선두는 서울 서대문 감옥에서 1년 2개월의 옥고를 치렀다. 김선두는 평양남도 평양에서 출생, 숭실전문학교를 졸업하였다. 그의 아들 김성락은 1960년대에 숭실대학 학장을 역임한 바 있다.

북경, 상해, 천진 등지에 있던 한국인들은 중국 신문을 통해 독립운동 발발 소식을 접하게 되었다. 상해에 머물던 이광수의 경우 3월 5일경에 비로소 신문을 통해 서울의 만세운동 소식을 접할 수 있었다. 그가 신문 외에 다른 방법으로도 3.1운동 소식을 접했는데, 그의 소설 "나의 고백"에는 이렇게 이야기했다. "차차 안동현[현재의 단동]을 거쳐서 국내 소식이 전하여 왔다. 조그마한 종이 조각에 잘게 잘게 기사를 적어서 꼬깃꼬깃하게 만든 것들이 왔다. 아마 옷 속이나 구두 속에 넣어 가지고 국경을 넘어 온 모양이었다." 국내 소식 중에는 평안남도 강서에서 만세를 부르다가 오십 몇 명이 총을 맞아 넘어졌다는 것, 평안북도 정주읍에서도 같은 모양으로 칠팔십 명의 사상자가 났다는 것, 피비린내 나는 기사도 있었다.

손정도도 국내에서의 3.1운동 소식을 접했는데, 북경에서는 3월 5일부터 「경보」(京報), 「신보」(晨報)가 3.1운동을 보도했다. 3월 8일경에는 상해에서 올라온 현순 목사를 만나 상해 소식을 들었다. 상해에서도 3월 5일 이후 「신보」(申報), 「민국일보」(民國日報)가 3.1운동을 보도하고 있었다.. 「민국일보」는 "일본이 한국인에 대한 잔인한 탄압", "일본 군경의 조선인 학대", "일본인이 한국인을 무차별 체포한 결과", "일본이 신랄한 수단으로 한국인을 제압", "일본의 한국인에 대한 참혹한 대우", "일

---

26) 김승태, "평양에서의 3.1운동과 김선두 목사," 97.

본의 한국에 대한 고압책", "일본이 파병하여 조선을 진압", "일본 정부의 한국인에 대한 학대", "일본이 한국에 대한 살육 정책", "일본군이 한국인에 대한 잔혹한 조치", "일본이 한국인을 도둑 무리로 치부" 등등의 기사를 통해 일제의 참혹한 진압을 규탄하였다. 그리고 이완용 등 한국 친일파를 매국적이라고 비판하기도 하였다.

그밖에도「민국일보」는 독립선언문 전문을 게재하여 중국 내 한국인들에게 국내 독립운동의 기조를 정확히 파악하는데 중요한 역할을 하였다. 천진「대공보」도 3월 12일에 "독립선언서" 전문을 게재하였다. 뿐만 아니라 3월 16일부터 20일까지 "한국 각 도에서 독립을 선포(조선각도분분선포독립)"라는 장문의 기사를 연재하여 한국 각 지역의 3.1운동 전개과정, 참가자 숫자 통계, 일제의 발포 진압 등 내용들을 소상히 소개함으로써 중국 내 한국인들이 국내 3.1운동의 전모를 파악하는데 중요한 역할을 하였다.[27]

1918년 북경에서 진독수(陳獨秀), 이대소(李大釗)에 의해서 창간된「매주평론(每週評論)」은 3월 16일 제13호에 "조선독립의 소식 - 민족 자주의 사조는 이미 극동에까지 흘러왔다!"라는 제목으로 일제의 식민화 통치에서 "조선"이라는 두 글자마저 잃고 정치, 경제, 사상, 언론, 교육의 자유를 박탈당하고 우민정책과 동화정책에서 극심한 고통을 받는 한국인들이 독립을 위한 3.1운동을 일으킨 것은 당연한 일이라고 성원하였다. 이어 3월 23일 제14호에는 "한국 독립운동의 상황 - 생기와 살기가 상충하고 정의와 강권이 고전하지만 최후의 그날을 지켜보자, 도대체 누가 승리하고 누가 패배할지를!"이라는 논평을 통해 "무릇 혈기가 있는 한국인이라면 그 어느 한명도 독립활동을 하지 않는 이가 없다. 손에 촌철을 든 사람은 한명도 없고 질서를 지키지 않는 사람 역시 한명

27) 문영걸, "중국신문 속의 3.1운동,"「기독교사상」(2018년 3월), 49-50.

도 없"는 상황을 보면서 "감탄을 금할 수 없다"고 경의를 표하면서 한국 독립운동이 최후의 승자가 될 것이라고 응원하였다. 특히 진독수는 3월 23일 "조선 독립운동에 대한 감상"이라는 문장을 발표하여 "이번 조선의 독립운동은 위대하고 간절하고 비장하고 명확한 이념이 있다. 민의(民意)를 사용하지 무력을 사용하지 않으므로 세계 혁명의 신기원을 열었다"고 높이 평가하였다.

3. 상해로 가다

현순의 '현순자사(玄楯自史)' 가운데 16절이 "3·1운동과 나(我)의 사명"인데, 여기서 현순은 손정도와 상해로 돌아와서 했던 일들을 이야기한다. 현순과 함께 동행하던 최창식은 모금활동을 하기 위해 귀국하였다. 현순과 손정도가 북경을 떠나 상해에 도착한 날은 확실하지 않은데 현순에 의하면 1919년 3월 25일이나 26일이었다. 현순은 프랑스 조계 김신부로(金神父路, 오늘날 瑞金路)에 있는 프랑스인 집에 투숙하였다. 조계(租界)는 강대국들이 다른 나라의 중요 도시나 항구의 일정한 구역을 빌린다는 명목 하에 빼앗아서 행정권과 사법권을 행사하는 지역이었다. 강대국들은 1842년에 중국에다 조계를 강요했는데, 남경조약 이후 강제 개항된 상해에는 영국, 미국, 프랑스 등 다양한 국가의 조계지가 있었다. 이중 프랑스 조계지는 면적이 가장 넓은 외국인 거주지였다. 프랑스 조계 당국은 고국을 그리워하는 프랑스인들을 위해 거리마다 파리 샹젤리제를 떠올리게 하는 플라타너스 나무를 빼곡히 심었고, 프랑스식 정원이 있는 공원도 만들었다. 1920년대에는 유럽식 별장 주택이 많이 지어져 외국인과 중국의 정치, 문화계 인사들이 대부분 이

동네에 거주했다. 프랑스 조계는 1849년 처음 설정된 이후 약 100년만인 1943년에서야 중국에 반환됐다.

당시 상해 시가지는 자동차, 전차, 마차, 인력거가 보행자들과 뒤엉켜 바쁘게 돌아가는 교통의 요지이면서 강대국들의 조계지가 있어서 일제의 공권력이 미치지 않는 도시였다. 그 다음 날 프랑스 조계 보창로(寶昌路) 어떤 곳에서 상해 거주 인사들과 북경에서 온 이광, 조성환, 조용은(조소앙), 만주에서 온 이회영과 이시영, 러시아에서 온 이동녕 등과 만나 임시정부의 수립 문제를 논의하였다. 현순은 첫 회합에서 임시회장이 되어 회의를 주재하였다.

임시정부를 조직하기 위한 회합은 1919년 3월 26일부터 상해에서 시작되었다. 그런데 이 일은 각지에서 온 독립지사들 간에 서로 의견이 많아 갈피를 잡을 수 없었다. 국호 문제, 누가 임시정부의 주도권을 잡느냐 하는 문제, 누가 임시정부의 수반을 맡느냐 하는 문제에 대해서는 의견이 분분하였다. 임시정부의 주도권 문제는 국내의 지도자들이 맡아야한다는 의견과 해외에서 독립운동을 해 온 사람들이 맡아야 한다는 의견으로 나뉘었다. 임시정부의 수반에 관해서는 이승만을 수반으로 삼는 문제였는데 신채호 등이 이에 반대하고 있었다.

하란사가 머물고 있던 북경에 체류했고, 서울에서 3.1운동을 준비하다 상해에 온 현순, 최창식과 북경에서 만난 것을 보면 손정도는 1919년 2월에서 3월 사이에 이미 3.1운동 및 의친왕 이강 공과 하란사의 파리평화회의 참석, 임시정부 수립 등의 문제에 관여하고 있었던 것 같은데 그 확실한 내막은 알려진 것이 없다. 손정도는 임시의정원을 설치하는 문제나 임시정부를 조직하는 데 있어 필요한 자금을 마련하는 일에 앞장섰다.

손정도와 상해에 와있던 애국지사들은 먼저 프랑스조계 내 보창로에 연락사무소를 마련하고 입법기관인 의회를 구성하여 헌법과 헌장, 강령 등을 제정하기 위해 오늘날 국회와 같은 의정원 조직을 제의하였다.

임시정부 수립에 앞서 임시의정원 개설부터 시작한 것이다. 1차 회의는 29명이 참석한 가운데 1919년 4월 10일 저녁부터 11일 오전까지 열렸다. 4월 10일 프랑스 조계 김신부로에 있는 양옥집에서 임시의정원이라는 명칭이 결정되고 국호가 대한민국으로 정해졌다.

이 회의에서 참석자들은 의장에 이동녕, 부의장에 손정도, 서기에 이광수와 백남칠을 선출하고 임시헌장을 제정함으로써 임시정부를 탄생시키는 법적 토대를 마련하였다. 의원의 수는 지방 인구에 의거하여 정하되, 30만명에 의원 1인을 선정하기로 하였다. 경기도 6인, 충청도 6인, 경상도 6인, 전라도 6인, 강원도 3인, 함경도 6인, 황해도 3인, 평안도 6인, 중국령 교민 6인, 러시아령 6인, 미국령 교민 3인 등 총 57인으로 정하였다. 이 때의 일을 현순은 '현순자사'에서 다음과 같이 기록하였다.

> "4월 초순경에 이동녕, 이시영, 이회영, 신헌민, 신성, 신규식, 신익희, 신채호, 조성환, 조소항, 이광수, 이광, 현순 등이 남경로 선시공사(先施公司) 여관에 회합하여 임시정부 조직안을 토의하였다. 논조가 귀일(歸一)치 못하여 산회하였다.
>
> 제 2차로는 법계 보창로(法界 寶昌路) 모처로 이상의 인사 이외에 다수 청년들과 협동하여 우선 임시 의정원을 조직하니 원장은 이동녕이 당선하고 임시정부는 통령제를 피하고 총리제로 채용하다. 제3차로는 법계 김신부로 부근 일대양옥(一大洋屋)을 세득(貰得)하고 임시의정원을 개(開)하였다.
>
> 현안인 임시정부를 조직할 새 2종의 흥미로운 사건이 있으니 하나는 유위(有爲)청년들이 권총, 목봉들을 가지고 와서 일방은 회중을 보호하며 또 일방은 회중을 위협하여 [공정한 토론을 위한] 조직을 유지한 것이요. 둘은 신채호가 총리로 추천된 인사중 이승만, 박영효, 이상재 등을 반대하고 박용만을 추천하니 그 때 청년중 현창운이 신채호를 골개적으로[유머러스하게]빗대어 천하매 회중이 대소하자 신씨가 분노하며 퇴장하였다.

신씨가 이승만을 반대한 것은[하고] 박용만을 추천한 것은 그 이유가 박용만이 신정에게 이승만이 위임통치를 미국정부에 청원하였다고 전보한 까닭이었다. 그러나 당시 형세는 내외지를 막론하고 인심의 취향이 이승만에게 폭주하였었다. 그리하여 의회는 달야[밤새워] 토론하고 결국에는 임시 정부를 조직하니 그 각원은 다음과 같다.

국무총리 이승만, 내무총장 안창호,

외무총장 김규식, 법무총장 이시영,

재무총장 최재형, 군무총장 이동휘,

교통총장 문창범,

최고의원 이동녕, 이시영, 현순, 손정도, 신채호, 신헌민, 신익희, 이광수, 이광 조성환, 조동호, 백남칠, 김철, 조소앙, 최근우, 한우근, 현창운 등이 기억 중에 남아있다."

4. 임시정부에서의 활동, 의정원 의장

외국인들이 대거 상해로 진출한 것은 개항 이후였다. 개항 후에는 조계가 설립되었는데, 1905년 공공조계와 프랑스조계에 거주한 외국인은 벌써 12,328명에 달하였다. 한인은 한국의 개항 시부터 상해에 진출했지만, 1900년 이전 상해에 오래 체류한 한인은 불과 몇 명에 지나지 않았다. 상해 한인사회는 1920년대 초반에 이르러 형성되었는데, 그 규모는 대략 1천명 내외였다. 손정도가 상해에 도착했을 때 여러 곳에서 모인 30여명의 애국지사들이 있었다.

1919년 3월 25일 상해에 도착한 손정도는 대한민국 임시정부 의정원 의장으로, 교통총장 등으로 활약하였다. 무엇보다도 손정도는 임시정부 및 의정원의 조직 체계를 잡는데 참여하였다. 제1차 임시의정원에서 손정도는 부의장에 선출됐지만 의정원 의장으로 선출된 이동녕이 4월 말 국무총리 대리에 취임하면서 손정도가 의장자리를 맡았다. 이동녕은 1906년 만주 북간도 용정촌으로 망명, 이상설, 여준 등과 같이 민족주의 교육의 요람인 서전서숙을 설립했으며, 만주와 러시아 일대에서 이상설, 이회영 등과 함께 독립투쟁을 전개한 인물이었다. 이동녕은 3.1운동이 일어난 뒤 북경을 거쳐 3월 10일경 상해에 왔다.

손정도는 9월까지는 위장병으로 말미암아 부의장에게 회의진행을 맡겨야 할 정도로 건강이 좋지 않았다. 손정도는 상해에 오기 전 북경에서도 감리교교회가 운영하는 병원에 유숙했는데 북경에 간 현순과 최창식도 그 병원에서 체류한 것을 보면 그 때는 병 때문은 아니었었던 것 같다. 그러나 상해에서는 동제의원에서 입원 치료를 받을 정도로 건강이 좋지 않았다. 8월말에는 의정원 부의장 정인과와 의원 조완구가 의정원을 대표하여 병원을 방문하여 손정도를 위로하였다. 손정도가 입원 치료까지 받아야했던 질병이 무엇인지 확실하지 않으나 이 병이 결국 후일 길림 동양의원에서 손정도를 사망에 이르게 한 병과 관련된 것인지도 모른다.

손정도는 퇴원 후 12월 12일자로 임시의정원 의장의 이름으로 된 '국내 유지에게 주는 글'을 썼는데, 그 중에 파리평화회의에 가있던 김규식 등의 활동을 알렸는데, "우리 특파전권대표 김규식씨는 파리에 도착하여 전년 해아밀사 이준씨와 동반한 헐버트씨와 의사 안중근씨의 최후 유탁을 받은 프랑스인 홍신부와 강화회의에서 적극적인 활동을 했다"는 내용이었다.[28)]

김규식의 독립운동 활동은 1913년 11월 말 중국 상해에 도착한 직

28) 강만길, 『조선민족혁명당과 통일전선』(역사비평사, 2008), 410.

후부터 시작되었지만, 본격적인 활동은 1918년 신규식을 중심으로 상해에서 결성된 동제사(同濟社)에 가담하고 이어 같은 해 11월 28일 역시 상해에서 결성된 최초의 해외 망명 정당인 신한청년당에 여운형, 장덕수, 서병호 등 30여 명의 청년혁명가들과 함께 참여하면서부터였다. 1919년 2월 1일 파리평화회의의 신한청년당 대표 자격으로 상해를 출발한 김규식은 3월 13일 파리에 도착하여 각국 대표들과 기자들에게 한국독립을 요구하는 홍보선전활동을 벌여나갔다. 그 후4월 11일 대한민국 임시정부가 수립되자 김규식의 신분은 신한청년단 대표에서 대한민국 임시정부 대표로 바뀌었다.

5. 임시정부에서의 활동, 교통총장

대한민국 임시정부는 상해에 근거지를 두고 있었지만, 국내외 각지에서 영향력을 행사하고 독립운동 자금을 모으기 위해 국내외를 연결하며 활동해야 했다. 이 일을 위해 만들어진 것이 연통제와 교통국이었다. 교통국은 1919년 8월 19일부터 새로 마련한 임시정부의 하비로(霞飛路) 청사에서 만들어졌다. 이 청사는 첫 의정원 회의가 열린 김신부로(金神父路) 청사에 이어 두 번째 정식 청사인데, 이 청사의 위치가 2018년에서야 확인됐다. 김광재 국사편찬위원회 연구관에 따르면, 하비로 321호는 오늘날 화이하이중루(淮海中路) 651호다. 청사로 썼던 건물은 오래 전에 철거됐는데, 지금은 의류 매장이 들어서 있다. 하비로 청사는 1919년 9월 11일 임시정부가 의정원 회의를 열어 3·1운동 뒤 국내외에 조직된 상해와 한성 임시정부, 노령(연해주) 대한국민의회를 통합하는 개헌안을 통과시켰던 역사적인 장소요 또한 1919년 8~10월 연통부와 교통국을 설치한 곳이기도 하다. 하비로 청사는 일제가 상해 프랑스 조계 당국을 압박해 임시정부에 대해 폐쇄 조치를 내리는 1919년 10월 17일경까지 사용됐다. 임시정부 청사로 현재 남아있는 것은 1926년 3월부터 1932년 5월 항저우로 이전할 때까지 6년 동안 사용된 건물뿐인데, 상해 구도심 마당로(馬當路)에 있는 3층 벽돌집이다. 오늘날 한국인들이 임시정부 청사로 알고 찾아가는 곳이다.

상해 임시정부 청사(1926-1932)

1920년 이후 손정도의 활동도 국내에 문서를 전달해 주는 일과 국내 유지들로부터 모은 독립자금을 상해의 임시정부에 전달하는 일을 중심으로 이루어지고 있었다. 손정도는 1921년 5월에는 임시정부 국무원 교통총장에 피임됐다.

국내와 연결을 강화하기 위해 설치했던 연통제는 임시정부의 지방행정기관으로 당시 내무총장인 안창호가 주도하였다. 국무원령 제1호로 1919년 7월 10일 공포되어 본격적으로 업무를 시작하였다. 연통제는 국내의 각 도에 독판, 군에 군감, 면에 면감을 두어 정부의 문서와 명령을 전달하고, 군자금 유통과 정보 보고 등의 업무를 담당했다. 그러나 일제의 감시와 탄압이 심하여 연통제는 오래가지 못하고 1921년 후반에 이르러 사라졌다.

임시정부는 우선 국내외 동포를 상대로 독립운동을 선전하고 각지의 독립운동단체나 개인들과 통신, 연락을 주고받기 위해 1919년 7월경에 교통부 산하에 교통국을 설치했다. 교통국의 업무는 교통사무 기관으로 임시정부와 국내 및 만주지역의 독립단체와의 통신 업무를 전담하는 것이었다. 가장 먼저 설치된 것은 국내로 들어가는 교통요지에 설립된 안동지부였다. 안동지부는 이륭양행(怡隆洋行) 2층에 설치하였다. 안동은 압록강을 사이에 두고 신의주와 인접한 중국의 변경도시로 이미 1900년대 초부터 영국영사관과 일본영사관이 설치된 항구도시였다. 1911년 11월에는 안동과 신의주를 잇는 압록강철교가 개통되어 이 철교를 통하여 수많은 농민들과 항일지사들이 만주로 갔으며 또 안동에서는 신의주역을 거쳐 평양으로, 서울로 갈 수 있게 되었다.

이륭양행은 영국인 조지 쇼(George L. Shaw)가 경영하던 무역회사였는데, 안동에서 천진, 상해, 안동, 영구의 해상운수를 석권한 무역회사였다. 이 당시 양행(洋行)이란 서방상인들이 중국에 설립한 회사들을 지칭하는 말이었다. 이륭양행은 안동과 상해 사이의 해상무역 운수뿐만 아니라 여객운수 사업도 했는데, 안동으로부터 상해에 이르는 배삯이 중국돈으로 16원이었다. 1920년대 초중반 1원이면 쌀 9kg이나 돼지고기 3.5kg을 살 수 있는 돈이었다. 조지 쇼는 사무국 사무실을 빌려주었을 뿐만 아니라 독립 운동가들을 숨겨주고 자신의 기선으로 무기, 출판물, 자금 등을 안전하게 운송, 보관해줌으로써 독립운동을 확산시키는 데 크게 공헌했다. 정보 누설로 실패하기는 하였으나 의친왕 이강의 망명 시도도 이륭양행을 통하여 계획되었다. 백범 김구도 3.1운동이 일어나자 3월 3일 사리원에서 경의선 열차를 타고 중국 망명길에 올랐다. 안동(오늘의 단동)에 도착한 김구는 이륭양행의 선박 계림호를 타고 4월 13일 상해의 황포 동마두에 도착하였다. "거기서[안동] 이레를 보낸 후 이륭양행 배를 타고 상해로 출발했다. 황해안을 지날 때 일본 경비선이 나팔을 불고 따라오며 정선을 요구했다. 그러나 영국인 함장은 들은 채도 않고 전속력으로 경비구역을 지나갔다. 그리하여 나흘 뒤 무사히 황포(黃埔) 선창에 정박했다. 그 배에 탄 동지는 모두 15명이었다." 『백범일지』 에 나오는 이야기다.

안동은 김구가 그랬던 것처럼 항일지사들이 잠시 머물렀던 곳이기도 했다. 안동에서는 1919년 4월 대한독립청년단이 설립된 곳이기도 한데,

서울에서 3.1운동에 참여했던 학생들이 만주로 피신, 안동현에서 이 단체를 결성하였다. 이 청년단은 파리평화회의에 파견된 대표단과 임시정부를 후원하고 임시정부의 정책을 알리는 「반도청년보」를 발행하였다.

이륭양행의 독립운동 지원을 간파한 일제는 1920년 7월 신의주에서 쇼를 검거하였다. 이로 말미암아 1920년 7월 그는 일제에 의해 체포, 내란죄로 기소되어 서울형무소에서 4개월 간 옥고를 치른 뒤 보석으로 석방되었다. 쇼는 석방 후에도 변함없이 안동교통사무국을 통해 독립운동을 지원했는데, 안동교통사무국이 임시정부를 비롯한 각종 독립운동단체들의 국내 전진기지 역할을 하도록 지원하였다. 이를 기억해 한국정부는 1963년 쇼에게 건국훈장 국민장을 추서하였다. 오늘날 북중 접경지역을 여행하는 사람들이 단동에서 이륭양행 구지를 찾아가는 이유도 쇼의 독립운동 지원을 상기하기 위해서일 것이다.

여행객들은 이륭양행 구지가 흥륭가 25호 즉 지금의 단동시 건강교육소를 찾아가지만 그 건물이 아니라 흥륭가에서 압록강변 쪽으로 마지막의 안동해관 근처에 있었다는 주장도 있다. 이것은 "대한민국임시정부의 안동교통국과 이륭양행 연구" 라는 논문의 주장인데,[29] 흥륭가 25호는 원래 1층 적갈색 건물로 일본인 치과병원 건물이었는데 1979년에 2층으로 재건축되었다고 한다. 안동 교통국이 이륭양행의 2층에 있었다고 명확히 기록되어 있는 것을 고려하면 1층 건물인 단동시 건강교육소는 이륭양행의 구지가 아니라는 것이다.

안동지부의 책임자로는 평안북도 정주 출신 공남해를 파견했다. 당시 임시정부의 선전물이 국내로 반입된 경로를 보면, 강남공사로 위장한 임시정부가 중국 우편을 이용하여 「독립신문」 등의 문서를 이륭양행으로 보내면, 안동 교통사무국에서 이를 마대에 넣어 중국인을 통해

---

29) 유병호, "대한민국임시정부의 안동교통국과 이륭양행 연구", 「한국민족운동사연구」(2010년 3월), 77-102.

의주지국으로 보내고, 의주지국에서는 다시 이것을 평양, 사리원, 서울 등지의 지국으로 보냈다. 교통국은 이처럼 「독립신문」도 발간하여 멀리 떨어져 살고 있는 동포들에게까지 독립운동의 소식을 전하였다.

임시정부는 안동뿐만 아니라 각지에 교통국을 설치하는 노력을 기울여 1922년 4월까지 교통사무국 3곳(안동교통사무국, 함경남도교통사무국, 경성교통사무국), 교통지국이 18곳(오늘날의 북한 전지역) 있었다. 경상도에도 교통국을 설치하려 했으나 이 일을 맡은 이가 경찰에 체포되는 바람에 한강 이남에는 설치하지 못했다. 이것은 교통국의 조직망이 짜여진 평안도, 함경남도, 황해도, 경인지방, 만주 밖의 지역은 미처 조직을 완비하지 못했다는 것을 보여준다.

활동이 가장 활발하였던 곳은 안동 교통사무국으로, 임시정부와 국내를 연결하여 기밀문서 및 위험물 수송을 담당하였다. 안동과 국내에 설치된 교통국은 이와 같이 임정과 국내 각지의 통신, 연락 및 문서, 지령의 전달, 독립자금의 모금과 전달 등의 중요한 역할을 하였다. 각지에 설치된 교통국은 교통원을 통해 임정에서 발행한 각종 선언문, 신문, 지령 등을 국내에 배포하는 한편, 국내 사정을 임정에 보고하고 각지에서 모금된 독립자금을 전달하는 역할을 했다.

교통국의 수난은 1919년 11월 지부장 김동환을 비롯한 관서 지부원들이 붙잡힌 것을 비롯하여, 1920년 1월에는 안동 교통국 사무국장 홍성익의 피검과 함께 주요 조직이 노출되었다. 그 해 5월에는 경상남북도에 교통기관을 설치하기 위하여 출장 중이던 김태규가 체포되었으며, 7월에는 당시 안동 교통국 사무국 참사이던 오학수 등 13명이 체포되었다. 이것이 안동교통국참사 사건 오학수 사건인데, 이 사건은 국내에서 일제에 저항하기 위해 상해로부터 무기와 탄약을 운반, 안동교통사무국의 출장소에 보관한 것이 문제가 되어 13명이 체포된 사건을 말한다. 이 사건을 계기로 이륭양행의 주인 쇼마저 몇 달간 체포되었다.

이처럼 많은 교통국 관계자가 수난을 당하였음에도 불구하고, 교통국은 1919년에서 1922년까지 임시정부의 통신기관으로서 활발히 활동하였다. 1919년 7월 정진현이 설치한 평양교통지국은 가장 활발한 활동을 보여주었다. 평양교통지국은 1919년 7월 강서군 증산면 두만리교회 전도사 정진현이 설립한 교통지국으로 안동교통사무국 하에 있었다. 평양교통지국은 대한국민회, 대한독립청년단과 함께 독립운동을 전개하는 사람들에게 임시정부의 명령을 전달하였다. 구체적인 예를 들면, 평남 대동군 대한독립청년단 단장 손정화는 같은 감리교회 교역자이면서 평양교통지국장인 정진현을 통해 「독립신문」 30부를 전달 받아 이를 배포하였다. 이 사건으로 정진현은 재판을 받고 투옥되었다. 손정화가 이 사건과 관련되어 이후 어떤 상황에 처해졌는지는 확인되지 않지만, 「기독신보」 (1928년 4월 25일)는 그의 사망 소식을 전하면서 그가 일찍이 청년교육에 종사하다가 기미운동에 고초를 당했다고 보도하였다. 손정화 목사는 평양기독연합병원에서 병을 치료 중 1928년 3월 30일 사망하였다. 평양교통지국은 1919년 11월 17일 조선문 활자를 상해의 독립신문사 이광수 앞으로 송부하기도 하였다. 그러나 일제의 경계가 강화됨으로써 1921년 이후 각지에 통신원 수 명만 겨우 배치할 정도로 활동이 위축되었다. 이 밖에도 수많은 교통국 관계자가 수난을 당하였음에도 불구하고, 교통국은 1919년에서 1922년까지 임시정부의 통신기관으로서 활발한 활동을 하였다.

임시정부는 교통국의 조직 외에도 국내외 동포를 대상으로 연통제를 실시했다. 연통제는 임시정부의 지방자치제 구상과 관련이 있었는데, 임정은 1919년 4월 임시정부령 제2호를 통해 면마다 자치제를 조직하여 국토 회복이 완성될 때까지 질서유지의 임무를 다할 것을 지시했다. 그리고 7월에는 '연통제 실시에 관한 정부령'을 통해 "국민 간에 기맥을 상통하고 복국사업의 완성을 기하며 내외의 활동을 일치시키고

자 내외와 외국 거류지에 연통부를 둔다"고 하여, 국내뿐만 아니라 해외 동포들까지도 그 대상에 포함시켰다.

연통제의 조직은 '내무부-독판부(도)-총감부(부·군)-사감부(면)'로 이루어졌으며, 중요 사무는 정부가 발행하는 법령과 기타 공문의 전파, 독립만세운동 진행에 관한 상황 보고, 장래 독립전쟁에 대비한 군인, 군속, 군수품 징발 및 수송, 구국재정단원 모집, 애국금과 인구세의 수합, 공채 판매 등이었다. 임정은 국내 각지에 은밀히 특파원을 보내 연통부를 설치하려 노력했다. 그 결과 1921년 11월까지 국내 11개 도에 독판부, 1부 45개 군에 총감부가 설치되었다. 부, 군의 경우 평안도, 황해도, 함경도에 집중적으로 설치되었으며, 경상, 전라, 강원도 등지에는 거의 설치되지 못했다. 경기도와 충청도의 경우 일부 지역에서만 연통제가 실시됐다. 1919년 11월 30일에는 서울에 임시총판부(臨時總辦府)가 설치되었다.

당초 연통제는 국내에만 실시하고 해외에는 거류민단을 구성할 계획이었다. 그러나 만주의 대한국민의회와 북로군정서, 한족회, 서로군정서 등 독립운동 단체들과의 업무연락 강화와 행정 통제를 위해 1920년 10월부터 이들 지역에도 연통제를 실시했다. 이에 따라 대한국민의회 북로군정서 서로군정서 관할지역에 각각 간북남부총판부, 북부총판부, 간서총판부 등을 설치하고, 책임자인 총판에 구춘선, 서일, 여준을 임명했다.

임시정부는 앞서 시베리아 동포사회에 대한 연통제도 추진했으나, 총판으로 선정했던 최재형이 의병들을 규합해 항일 무장 독립투쟁을 벌이는 과정에서 체포돼 살해되면서 좌절됐다. 연통제가 실시된 지역은 1920년 말 현재 전국 13도 12부 215군 가운데 9개 도와 1개 부, 45개 군이었으며, 국내 이외의 지역에선 만주에 3개 총판부가 설치돼 임시정부와의 연락망을 가동했다.

국내에 설치된 연통부는 일본 경찰의 경계가 엄중해지면서 수난을 겪었다. 여러 지역에서 많은 연통부 조직원들이 경찰에 체포되었다. 연통제 활동에는 교사와 학생, 승려, 전도사 등 다양한 계층이 참여했다. 예를 들어 1919년 12월에는 평안북도 창성군 통신원 및 면감, 이듬해 5월에는 만주 관전현에 있던 평북독판부의 독판 안병찬이 체포되었다. 전국 단위의 방대한 조직이다 보니 일제의 미행과 검속 등 감시망을 피하기가 쉽지 않았다. 1919년 9월 평안남도에 특파된 유기준이 평양에서 일경에 체포돼 연통제 관련 서류를 압수당했고, 같은 해 12월에는 함경북도의 독판·군감 등 47명이 체포돼 실형을 살았다. 1920년 9월에는 함경도 회령의 연통제 조직이 발각돼 와해됐다. 또 1920년 12월에는 평북의 초산군에서 군감을 비롯하여 55명이 체포되었다. 일제의 지속적인 감시와 탄압으로 1921년 들어 연통제 조직이 사실상 붕괴되면서 임시정부의 국내 활동도 크게 위축됐다. 이후 임시정부의 국내 연락은 극소수 비밀 조직원과 국내 애국단체에 의존할 수밖에 없었다.

손정도는 교통총장으로 일할 무렵 윤응념 등 몇 사람을 선발하여 중국 산동성에서 가까운 황해도 산간에 비밀경로를 개통, 국내의 독립운동가들과 임시정부가 서로 연락을 취하도록 하였다. 이 시기 손정도의 중요한 활동은 평양의 애국부인회 등 비밀결사를 통한 독립자금의 조달이었다. 손정도는 미국 감리교선교사로 오랫동안 평양과 서울에서 활동한 노블(William A. Noble)에게 부탁하여 국내에서 모금된 임시정부 군자금을 전달받은 일도 있었다. 이 사실은 손정도가 노블에게 쓴 편지를 통해서 확인할 할 수 있다.

> "친애하는 노오블 박사. . . 한국 내외의 우리 한국인은 잘 일치 화합하여 임시의회와 정부를 잘 조직하였습니다. . . 소생은 귀하에 대해 가장 중대요건을 청탁하려 합니다. 일본의 감시 또는 수색이 엄중하므로 한국 밖으로 송금하는 일은 우리들에 있어 심히 곤란합니다. 우리들은 당지에서 매월 5만원(圓)이 필요하며 소생은 어떤 사람에게 돈을

귀하에게 보내도록 청탁해두었으니 귀하는 그 자를 만날 것입니다. 소생은 한국인의 애호자인 그대가 그 돈을 소생 앞으로 송금해 주실 친한 정의(情義)를 믿고 말씀드립니다. 만약 사정이 불허하면 그 돈은 다만 귀하가 휴대하여 가지고 오실 것을 희망하며 만일 휴대할 수 없으면 귀하의 우인에게 청탁키 바랍니다. 혹은 인천 향항(香港=홍콩) 상해의 은행을 통하여 송금하기 바라며 만약 전기방법 전부가 불가능하면 소생은 누군가를 파견하겠습니다. 소생에게 보낼 곳은 상해 북경가 18번지 핏치박사 댁입니다."[30]

평양의 대한애국부인회는 서울의 대한민국애국부인회와 마찬가지로 1919년 6월에 조직된 평양장로교계 부인회와 감리교계 부인회가 연합하여 평양을 중심으로 통합된 여성들의 독립운동단체였다. 장로파의 애국부인회는 1919년 6월에 한영신의 발기로 조직되었다. 장로교 여신도들을 규합한 이 단체의 주요활동은 회비 및 군자금을 모집하여 임시정부로 보내거나 독립운동단체를 후원하는 것이었다. 같은 달 감리교에서도 박승일, 이성실, 손진실, 최순덕 등이 임시정부에 대한 지원을 목적으로 여신도들을 규합하여 동년 6월에 애국부인회를 조직하였다. 이처럼 두 부인회는 별도의 조직이었으나 임시정부에 대한 지원을 목적한 단체였으므로 임시정부의 주선에 의해 동년 8월경부터 연합을 추진하여 11월에 대한애국부인회란 이름으로 합하게 되었다.

평양의 대한애국부인회 역시 서울의 대한민국애국부인회처럼 기독교 여성들이 주도한 단체였다. 그런데 본부만 연합한 것이었으므로 양측의 주요간부들이 합쳐 본부를 형성하고 지회는 기존의 체제 그대로 운영하였다. 즉 대한애국부인회의 본부는 양파 간의 협의체적 기구의 성

30) 김창수 김승일, 『해석 손정도의 생애와 사상 연구』, 182-183.

격을 띠는 것이었다. 그런 관계로 평양에는 본부 외에도 감리파 지회와 장로파 지회가 별개로 있었고, 진남포에서도 양파의 지회가 병존하였다. 본부의 부서 임원은 오신도(총재), 안정석(회장), 한영신(부회장) 등이 맡았다. 부서임원은 감리교와 장로교를 적절히 안배한 것이었다. 이 가운데 오신도(61세)는 임시정부의정원 의장 손정도의 모친이었다. 회장 안정석은 숭의여학교의 송죽결사대 출신의 항일경력을 지닌 인물이었다. 이 부인회는 각 지방에 지회를 두고 군자금을 수합해 임시정부에 보내다가, 1920년 10월에 군자금을 송치하던 회원들이 일본 헌병에게 붙잡혀 1~3년의 형을 선고받으면서 해체되었다. 회원은 100명이 조금 넘었다.

오신도는 1860년 5월 26일 평안남도 강서에서 출생한 독립운동가로 손정도 목사의 어머니였다. 그는 1910년경 평양으로 이주해서 지냈는데, 손정도와 며느리 박신일의 영향을 받아 기독교인이 되었다. 평양에서는 1919년 6월부터 장로교 여신도들과 감리교 여신도들이 임시정부의 독립운동을 지원할 목적으로 각각 애국부인회를 조직하여 활동하다가 11월 김정목, 김순일 등의 권유로 양측이 통합하여 대한애국부인회를 결성하였다. 임원의 직업을 보면 교사와 전도부인이 다수를 차지했고, 연령별로는 20~30대가 주류를 이루는 가운데 40대 이상의 연령층도 적지 않았다. 오신도는 대한애국부인회 총재로 선임되었다. 애국부인회는 각지에 지회를 두고 군자금을 모집하여 임시정부로 송금하는 운동을 전개하였다. 대한애국부인회의 지회는 교회를 중심으로 평양, 진남포, 강서, 증산, 등 평안남도 지역에 설치되었다. 그러나 증산지회장이 체포되면서 조직이 노출되어 대한애국부인회 관련자 106명이 검거되었고 이중 오신도는 등 40여명 회원과 함께 10월 15일 검찰국에 압송되었다. 이것을 「매일신보」(1920년 11월 7일)는 다음과 같이 보도하였다.

"1919년 6월 평양을 중심으로 하는 야소파 장로파(한영신, 김보원, 김용복,

> 김신희 외 수명)와 감리파(박승일, 이성실, 손진실, 최신덕 외 2명)는 상해대한민국임시정부의 독립운동을 지원할 목적으로 각각 애국부인회를 조직하였으나 동년 11월 임시정부원 김정목, 김신일 등의 권유로 영파가 통합하여 대한애국부인회를 결성, 각지에 지회를 두고 군자금을 모집하여 임정으로 송금하던 중 증산지회장 송성겸이 체포됨으로서 이 사실이 발로되어 평안남도에 의하여 106명이 검거되었는데 그 관계자는 다음과 같으며 1919년 제령 제7호 위반으로 오늘 소할 검사에 송치되다."

이 사건으로 대한애국부인회는 1920년 10월까지만 활동을 펼 수 있었다. 대한애국부인회에서는 발각되기까지 2천 1백여 원의 자금을 임시정부에 송달하였다. 배형식에 의하면, 상해의 손정도가 애국부인회를 조직하고 임시정부의 활동을 지원하게 했다는 것인데, 손정도의 어머니와 딸 손진실이 평양의 애국부인회에서 활동한 것을 보면 손정도와 애국부인회의 밀접한 관계를 추정해 볼 수 있다.

손정도는 1922년 10월에는 김구, 조상섭, 김인전, 이유필, 여운형, 양기하 등과 함께 무력항쟁을 담당할 군사인재 양성을 위한 한국노병회를 창설하는 데 참여하였다. 한국노병회는 향후 10년 간 1만 여명의 노병을 양성하고 100만원 이상의 전비를 조성하여 일제에 독립전쟁을 일으켜 조국의 광복을 쟁취하자는 것이었다. 이를 위해 1922년 10월 28일 중국 상해에서 한국노병회 발기총회를 갖고 한국노병회를 창립하였다. 노병회는 당시 상해의 독립운동가들 조동호, 여운형, 김구, 이유필 등이 주도하여 구체화되었고 이어 손정도, 나창헌, 최석순, 김인전 등 10명이 이에 동조하여 조직되었다. 광복사업에는 독립정신이 중요하지만 정신만으로는 사업을 성취하기 어렵고, 물적 공구(工具)가 필요한데, 대한독립의 공구는 무력이오, 무력의 공구는 군인과 군비 즉 군자금이므로 군인의 양성과군비의 저금을 목적으로 하는 단체를 결성한다는 것이 그 취지였다.

노병회는 1922년 4월에 위원부 특별단우로 입단한 김구에 의해 구상, 제안된 단체로 10월 28일 조상섭 집에서 창립되었다. 즉 10년 동안 이렇게 착실하게 준비한 뒤 일제와 독립전쟁을 일으켜서 조국을 되찾자는 것이었다. 여기에서 노병(勞兵)이란 독립생계를 영위할 수 있는 노동과 농업 기술을 겸비한 병사를 가리키는 것이었다. 노병회는 15세 이상 40세 이하의 신체 건강하고 독립군이 될 뜻과 노동과 공업 기술을 습득할 능력이 있는 청년들을 특별회원으로 가입시켜 6개월 이상의 군사교육과 1종 이상의 노공기술을 체득시켜 독립군으로서의 노병을 양성하려고 하였다. 그리고 노병을 양성하기 위해 군사학교의 설립, 군사서적의 간행, 외국의 군대와 군사학교에 위탁, 강연회의 개최와 잡지의 간행, 외국의 공창 및 공업학교에 위탁 등을 통한 군사교육과 노공기술교육의 계획을 수립하였다. 한국노병회는 이렇게 1만 명 이상의 노병을 양성하여 독립군을 편성하려면 막대한 전비가 필요하므로 한국노병회는 전비를 충당고자 입회금, 기부금, 의연금 등을 모으기로 하였다.

한국노병회는 창립총회 때 이사장에 김구, 이사에 여운형, 이유필, 손정도, 나창헌, 조상섭, 김인전, 회계검사원에 조동호, 최석순를 선임하였다. 창립총회에서 손정도는 이사에 선임됐는데, 11월 2일 제1회 이사회에서 손정도는 노공부장에 선임되었다. 손정도는 1923년 4월 2일 상해에서 24명의 회원이 출석하여 개최된 제1회 정기총회에서도 여운형, 조상섭, 이유필, 윤기섭, 최준 등과 함께 이사에 선임되었다.[31]

손정도는 상해에 머물면서 임시정부와 독립운동 관계 일을 하는 중에도, 10월 1일부터는 적십자회 상무위원을 맡았다. 임시정부는 독립투쟁시 부상자를 구호하기 위해 1919년 8월 29일 대한적십자사를 설립했는데 손정도는 이 일에도 참여한 것이었다. 교회 일도 계속하였다. 그는

31) 양성숙, "제6장 한국노병회의 조직과 광복활동,"「민족사상」(2009년 12월), 220.

1919년 3월 이후 상해 한인교회 상의회(常議會) 위원, 치리회원으로 교회 운영에 참여하였고, 인성학교 교장으로도 봉직했다. 인성학교는 1917년 2월 한인거류민의 자제들을 교육시키기 위해 한인교회 소속 사립으로 설립되었다가 1920년 상해한인거류민단 소속 공립학교가 되었다.

손정도는 1919년 4월, 중국 기독교인들에게 한국 민족의 독립운동의 실상과 일본의 만행을 알리며 지지를 호소하는 장문의 선언서를 발표하였다. 1920년 2월에는 북경에서 개최된 미감리회 동아시아총회에 참석하여 외국인 선교사들에게 한국의 독립운동 상황을 알려주었다. 1921년 3월에는 미국과 세계 기독교인들에게 우리 민족의 실상을 알리고 독립운동 지원을 요청하는 대한예수교회 진정서를 발표하였다. 이런 활동은 기독교 조직을 통한 독립운동이었다.

이처럼 상해 임시정부 시절 손정도의 역할은 다양하였고 그래서 그는 일본 경찰이 주시하는 인물이었다. 실제로 손정도는 애국부인회와 같은 국내 비밀결사 운동조직과 연락을 취하며 독립운동 자금을 모금하고자 했으며 그 때문에 국내의 가족들이 곤욕을 치러야 했다. 그의 모친 오신도는 삼일운동 직후 조직된 교회 여성들의 비밀결사 대한애국부회 임원으로 활동하다가 체포되어 옥고를 치렀다. 손정도의 딸 손진실은 평양지회 서기였는데 검거 직전 중국으로 탈출하여 체포를 면했다.[32)]

6. 미감리회 동아시아총회

1919년 손정도와 안창호는 두 달 사이로 상해에 도착하여 임시정부

---

32) 박용옥, "여성 항일운동의 조직화", 『한국여성독립운동사: 3 · 1운동 60주년 기념』(3 · 1여성동지회, 1980), 247-252.

조직에 참여하였다. 두 사람은 1910년 서울 제중원에서 만난 이후 9년 만의 재회였다. 상해시절 두 사람의 우정과 신뢰는 안창호의 일기(1920-21년)에서 확인된다. 1920년 1월 14일 일기에 보면, 안창호는 "손정도씨의 병을 위문"했으며, 수시로 만나 흥사단이나 독립운동에 관한 일을 상의하였다. 1월 29일에는 "손정도군이 내방함에 흥사단 입단 문답식을 속히 행하라 하고, 북경에서 개최하는 동양선교사총회에 갈 일을 상의"하였다. 두 사람은 동양선교사총회에 대해 2월 2일에도 상의하였다.

안창호의 일기에 나오는 동양선교사총회를 더 정확히 말하면 1920년 2월 11일부터 북경에서 개최된 미감리회 동아총회(美監理會東亞總會, Central Conference of Eastern Asia of the Methodist Episcopal Church)이다. 동아총회는 미국 감리교회에 속한 중국과 한국, 일본의 감리교회 대표들이 모여 선교와 교회사업을 협의하는 회의였다. 안창호의 2월 2일자 일기에 의하면 그 날 안창호, 이광수, 손정도 세 사람이 함께 미감리회동아총회를 준비했다. 이 날 안창호는 이광수에게는 우리 민족이 당한 참상과 일제의 만행을 글로 써서 이를 영문으로 옮기는 일을 맡겼고, 손정도와는 이 총회에 갈 일을 협의하였다.

> "오전에 북경에서 개최하는 동양선교사회에 선전할 일[본국에 재류하는 동양선교사사에 대하야 우리의 사정, 미일관계자료(담화자료), 동양선교사에게 대하야 연설할 것] 등을 기초할 새 두통이 점점 심하여져 이광수 군을 통하야 금번 내 민족의 당한 참상과 및 적인의 만행을 기록하라 하고, 또 이것을 오늘 밤에 황남진 군과 더불어 영문으로 번역하야 인쇄에 넘기기를 부탁하다. 손정도 군이 내방하여 북경 선교사회에 갈할 일을 상의하다."[33]

---

33) 도산안창호선생전집편찬위원회, 『도산안창호전집 제4권 일기』(도산안창호선생기념사업회, 2000), 851.

손정도는 현순 목사와 함께 "경신년 2월경에 임시정부의 특파로 북경에 올나가서 미감리회 동양선교총회에 참석하야 본국에서 나온 총대들을 만나섯다."본국에서 온 총대란 한국 감리교회의 대표를 말하는데, 한국감리교회는 1919년 11월 연회에서 동아총회에 참석할 대표를 선출하였는데, 선교사로 노블(William A. Noble)과 케이블(Elmer M. Cable), 무어(John Z. Moore), 한국인 목사로 오기선, 최병헌, 김종우, 안창호, 배형식을 뽑았다. 이들의 여행경비는 전국의 감리교회가 헌금한 것인데 1인당 108원씩 지불하였다.

이 회의에는 한국과 중국, 일본 감리교회 대표 114명이 참석하였는데 토론과 결의 내용은 1) 필리핀과 말레이시아 감리교회의 동아시아 총회에 가입, 2) 중국감리교 총회 조직, 3) 중국 홍화(興化)와 화서(華西)에 연회 조직, 4) 동아시아 연합으로 감독 4인을 세워 서울과 북경, 상해, 복주에 주재, 5) 여선교회와 확장주일학교, 청년회 운동 지원, 6) 일본에서 개최될 세계주일학교대회에 교회 대표 파송, 7) 다음 회의는 복주에서 개최 등이었다.[34] '현순자사'에 의하면, "그 때 손정도도 왔다가 선교사 수십인을 청하여 접대하고 동양평화의 관건은 오직 조선독립에 있음을 역설하였다." 오랜만에 최병헌 목사와 오기선 목사, 김종우 목사를 만났으며 협성신학교 동기이자 만주지역 선교사로 활동하고 있던 배형식 목사도 반갑게 만났다.

동아총회에 참석했던 한국교회 대표들은 1920년 2월 23일 귀국하였다. 손정도도 상해로 돌아왔다. 그런데 손정도는 임시정부 내에서 어려운 상황에 봉착하였다. 어려운 상황이란 안창호의 2월 16일(확인) 일기에서 처음 등장하는데, 손정도를 만난 이야기를 하면서 "의정원 의장을

34) "敎會大事記", 『中華基督敎會年鑑』, 中華續行委辦會, 上海, 1921, 36. 이덕주, "통일이후 한반도 신학 모색-손정도의 기독교사회주의를 중심으로", 「신학과 세계」(2009년 12월), 126에서 재인용.

사면할 의(意)가 유(有)하다 함으로 경(輕)히 판정(判定)하야 대답키난(難)" 하였다고 적었다. 손정도가 안창호에게 의정원 원장의 사임 의사를 밝힌 것은 손정도가 동아총회에 참석하여 한국에서 나온 교회 대표들로부터 독립운동 자금을 전달받았는데 그것을 임시정부에 전달하지 않고서 개인용도로 사용하였다는 소문과 관련된 것이었다. 이 소문이 사실이라면 그것이 손정도 개인은 물론 그와 가까운 안창호 그리고 힘들게 유지되어 가고 있는 임시정부에 치명타가 될 것은 분명했다. 안창호는 그런 소문을 퍼드리고 있는 사람들부터 만나 "사실을 확인하기 전에는 일을 확대하지 말라'"는 엄명을 내렸다. 손정도를 찾아가서는 해명을 들었다. 이런 이야기는 안창호의 일기(1920년 5월 15일)에 들어있다.

> "손정도 군을 방문하야 북경에 있었을 때 자국으로부터 보내는 금전의 관계를 물은즉, 손정도가 말하기를 그 때 북경에 왔던 한국목사 3인이 자기의 쓸 것이라고 주기에 받아 가지고 외국 선교사도 초대하고 또 여비에 보태 쓰고 돌라왔더니, 금번에 김기만군이 돌아와서 그것이 자기가 간접으로 수합한 애국금조라 하며, 그 돈을 쓴 사람들은 그 대신에 공채를 요구한다 하기로 내가 말하기를 그 때에 그이들이 분명히 말하고 주기로 자기에게 오는 것인 줄 알았더니 지금 당신의 말을 듣고 그것이 애국금임을 알게 되었노라. 나는 그것을 정부에 보내 공채권으로 보내 주겠노라 하며 말하기를 그렇게 의심이 생길 줄은 미처 생각하지 못한 뜻밖의 일이라 하였노라 하다.
> 돌아오는 길에 단소에 가서 박선 군에게 손정도 군과 김홍서 군의 관계된 것을 상세히 말하고 명일에 김군을 심방하야 권면하야 잘못을 깨닫고 뉘우치게 하라 하다."

이 문제는 손정도가 미감리회 동아총회에 참석했을 때 배형식 목사로부터 1천여 원을 받아 그것으로 선교사들을 초청하여 모임을 갖고 여비로 사용한 데서 비롯되었다. 그 돈이 국내에서 모금된 독립운동 자금이었다는 말이 나옴으로 손정도가 횡령 혐의를 쓰게 된 것이다. 안창호의 일기(1920년 5월 15일)에 따르면, 안창호는 이 문제를 임시정부 군무차장 김희선으로부터 들었다. 김희선은 안창호를 만났을 때 애국금 납상하는 것을 중간에서 횡령하는 일이 있는데, 이것을 방임할 수 없다는 말을 하였다.

> "내가 말하기를 누가 그러한 사실이 있느냐 한즉, 군이 말하기를 손정도군이 북경 선교사회에 갔을 때에 배형식군 편에 정부로 보내는 천원을 손군에게 맡긴 것을 전하지 않고 자기가 직접 썼는지라, 이것이 탄로할 뿐 아니라 이러한 일이 많으므로 그 내용을 자세히 조사 중이라 하는지라. 내가 말하기를 손군이 설혹 여하한 실수가 있다고 가정할지라도 그 후방에 군을 신앙하는 남녀가 많고 역사가 있는 한 사람인데 그와 같은 말이 세상에 유포되면 우리 운동에 대영향이 미칠 뿐더러 손군은 사기적 행위는 아니할 줄 나는 믿노라. 재정을 전해주는 일에 혹 모호한 일이 있는지는 알지못하겠노라. 군은 그 내정을 상세히 알지도 못하고 타인을 경히 정죄하는 것은 실수인 듯하니 조용히 하기를 바라노라 하다."

이 사건은 더 이상 확대되지 않고 해결되었다. 손정도에 대한 안창호의 신뢰 때문이었다. 안창호는 "손군은 사기적 행위는 아니할 줄 나는 믿노라." 라는 말로 손정도를 신뢰하였다. 안창호의 이같은 태도에 손정도를 의심하던 자들도 고개를 숙였다. 안창호는 이런 식으로 손정도에게 의심을 품은 자들을 찾아다니며 설득했다. 다행히 얼마 후 손정도는 배형식 목사로부터 "북경에서 전달한 돈은 손정도 목사 개인이 사용하라고 준 것이다."는 내용의 서신을 받았다. 손정도는 이것을 안창호에게 알렸다. 안창호 일기(1920년 5월 31일)는 이것을 다음과 같이 말하고 있다.

> "손정도군이 내방하야 배형식군이 자기에게 한 편지(북경의 재정에 관한 일로, 즉 손군이 사용하라는 서신)을 꺼내어 보여주다."[35]

이것으로 사태는 일단락이 지어졌다. 그러나 손정도는 오명은 벗었지만 정신적 상처는 컸다. 이 사건 후에도 임시정부 내의 불신과 모함은 여전했다.

7. 안창호와의 관계

안창호와 손정도는 언제 처음 만났을까? 안창호가 1907년 2월 미국으로부터 귀국해서 신민회를 조직하고 서울과 평양을 오가며 연설과 계몽활동을 전개하였다. 그러다가 안창호는 1910년 4월 중국으로 망명했으므로 두 사람은 1907년 2월부터 1910년 4월 사이에 만났을 것이다. 이 시기의 손정도는 숭실중학교를 졸업하고 숭실대학에 진학했는데, 목회자가 되기로 결심하고 학교를 그만두었다. 손정도는 그 대신 서울 감리교 협성성경학원에서 공부하면서 진남포에서 교회 일을 하고 있었다. 1910년 5월 손정도는 서울 정동제일교회에서 개최된 감리교 연회에서 중국 선교사로 파송을 받았다. 그해 여름 북경으로 갔다.

손정도와 안창호가 언제 처음 만났는지는 확인하기 어렵다. 그런데

---

35) 도산안창호선생전집편찬위원회, 『도산안창호전집 제4권 일기』(도산안창호선생기념사업회, 2000), 929.

1911년 12월 25일 북경에 머물던 손정도가 샌프란시스코에 있는 안창호에게 보낸 편지에서 "지난 해 봄에 경성 남문밖 제중원에서"서로 헤어졌다고 한 것으로 보아 두 사람이 1910년 봄에 서양식 병원 제중원에서 만난 것은 확실해 보인다. 손정도는 이 서신에서 자신은 1910년 여름 북경에 도착했고, 1911년 봄에 귀국했다는 것을 알렸다. 그리고 당시 안악사건으로 재판받고 있던 양기탁, 안명근 등 동지들의 상황, 안창호가 설립한 평양의 대성학교 및 교회와 기독교 학교 형편 등을 다음과 같이 말했다.

> "양기탁 안명근 씨 등 사오십 동포가 재판 당함을 보고 기타 전국민이 악혹한 형벌 아래서 마음이 십분낙심 되였는데, 아우는 만나는 대로 안형과 이형이 해외에 머물며 좋은 일을 많이 한다 하고 십분권면하여 하였는데 대성교(大成校)도 여전하고 교회와 교회 내 학교는 여전하나 기타는 일인의 손에 들어간 모양인 듯 하지요."[36]

이 서신을 통해 우리는 손정도가 안창호, 조성환 등과 긴밀한 연락을 취하며 민족운동에 깊이 간여하고 있었음을 알 수 있다. 손정도는 선교활동 보고와 선교비 모금을 구실로 삼아 국내에 들어와 교회를 순방할 수 있었다. 이 과정에서 국내와 국외 민족 운동가들의 연락망이 되었던 것이다. 위 서신은 1911년을 전후해서 손정도가 미국뿐만 아니라 중국과 국내의 항일운동 세력과도 연락을 취하고 있었다는 것을 보여준다.

이 서신에서 손정도는 자신의 장차 계획을 "본국에서 할 일과 만주에서 할 일" 두 가지로 나누었다. 국내계획, 즉 "본국 내지에 설립할 회(會)"는 우선 교회 내 청년으로 시작하여 서로 기도하는 모임이며 회비

36) 도산안창호선생전집편찬위원회, 『도산안창호전집 제2권, 서한 II』(도산안창호선생기념사업회, 2000), 229.

를 모집하여 무기를 예비케 하고 반은 본회에서 사용하며 모임의 장소는 큰 교회 있는 곳마다 두려고 한다는 것, 그리고 독립 전쟁 시에 각 지역의 교회 청년회가 그 지역의 일본인을 축출하게 한다는 것이었다. 만주에 근거를 두게 될 국외 계획은 우리와 같이 고난을 받고 있는 만주인들과 연대 투쟁을 하되, 의사 몇 사람을 데려다 병원을 설립하고 토지를 마련하여 항구적인 독립운동 기지를 확보하겠다는 것이었다. 손정도는 자신의 독립운동 계획을 안창호에게 알렸다. 손정도는 이 일이 실행되면 5년 안에 실(絲)과 같은 기관이 생기고 이것이 10년 내에는 운동으로 발전할 것으로 기대하였다.

손정도는 서한을 보내고 나서 두 달 쯤 후 다시 안창호에게 편지를 썼다. 이 편지는 1912년 1월 23일에 보낸 것으로 "내지 소식을 종종 들은 즉 저들에 악한 형벌에 옥중처사(處事)가 수다(數多)하고 기타 무쌍한 고난은 고금에 없는 듯 하외다."면서 105인 사건 이후의 국내 상황을 보고하였다. 105인 사건은 1911년 일제가 민족운동을 탄압하기 위하여 조작한 사건으로 1심 재판에서 105명의 애국지사에게 유죄를 선고한 사건이었다. 이어서 혁명기에 접어든 중국의 정치 상황, 즉 손문파와 강유위의 대결도 상세히 언급하였다. 강유위는 청조를 옹호하면서 그 체제 속에서 개혁을 하자는 파였다. "청국에 혁명 일은 우두머리에는 손문(孫文)에 세력이 외교 및 군사상에 광대한대 근일에 좋지 않은 일이 생김은 강씨파라. 손의 공화파와 강씨 보황파(保皇派)가 멀지 않아 대전(大戰)이 될 듯하웨다."[37]

손정도는 이 편지에서 점차 악화되고 있는 정치 상황에 "형님이여. 우리들은 어떻게 하오"라고 물었다. 그의 안타까운 심정을 토로한 것이었다.

---

37) 도산안창호선생전집편찬위원회, 『도산안창호전집 제2권, 서한 II』, 233.

"형님이여 공평한 일월(日月) 아래 혼자 슬프고 혼자 부끄러워 못 살겠소. 제가 하나님께 고하여 하소연하기는, 나의 생명을 나의 국가적인 치욕을 씻고 저 왜놈의 원수를 갚기 전에는 제가 죽지 못하겠다 하였소이다. 지성이 있어 지성으로 일을 도모하면 응당 하나님이 허락하시리이다, 다른 말씀 전무(全無)하올세다."[38]

앞에서 언급했듯이 손정도는 1910년 여름 북경에 도착한 후 천진과 만주 등을 왕래하며 중국말을 배우다 1912년 감리교 연회의 결의에 따라 하얼빈에 정착하였다. 그러나 손정도의 하얼빈 생활은 1912년 7월 가츠라 암살 음모사건으로 체포되면서 중단되었다. 1913년 진도 유배에서 풀려난 후에는 다시 중국으로 가지 못하고 서울 동대문교회와 정동제일교회 목회에 전념하였다. 그 사이 안창호도 미국으로 돌아가 흥사단을 통해 미주지역 독립운동 세력 규합에 힘을 쏟았다. 안창호가 민족운동을 담당할 중견 지도자를 양성하고자 흥사단을 창립한 것은 1913년이었다.

안창호가 다시 상해에 온 것은 국내 독립운동 소식을 접한 후였다. 1919년 3월 13일, 안창호는 샌프란시스코 국민회 중앙총회에서 "재산과 생명을 아울러 희생하자"는 연설을 했다. 그후 상해의 임시정부에 참여하기 위해 샌프란시스코를 출발, 오스트레일리아와 홍콩을 거쳐 5월 25일 상해에 도착하였다. 이튿날 북경로 한인교회에서 환영대회가 열렸다. 1914년 창설된 이 교회는 초기엔 여운형이나 선우혁 등 평신도가 예배를 인도하였으나 3·1운동 이후에는 김병조, 김인전, 정인과 목사 등이 망명해 와서 교인들이 1년마다 담임 목사를 뽑았다. 김병조 목사가 가장 오랫동안 담임 목사를 맡았다. 손정도는 교회 임원회 성격인

38) 도산안창호선생전집편찬위원회, 『도산안창호전집 제2권, 서한 II』, 234.

상의회 위원으로 참여하였다.[39] 환영대회에서 안창호는 다음과 같은 인사말을 했다.

> "무엇보다도 우리는 통일되어야 하겠소. 대한국민 전체가 단합하여야 하겠소. 세계가 지금은 우리를 주목하여 어디 멕시코우보다, 어디 중국보다 나은가 보려 합니다. 그러므로 우리가 무엇을 희생하더라도 여기 영광스런 정부를 만들어야 하겠소. 세상의 조소를 받지 않도록 하여야 하겠습니다. 나는 여러분의 머리가 되려 하지 않습니다. 여러분을 섬기러 왔습니다."[40]

안창호가 대한인국민회 원동위원의 신분으로 상해에 도착하였을 때 임시정부는 러시아와 서울에서 별도로 선포된 임시정부 조직을 어떻게 흡수할 것인지 논의하고 있었다. 이런 상황에서 안창호는 6월 28일 내무총장 겸 국무총리 서리에 취임하였다. 안창호가 내무총장으로 처음 추진한 것은 국내외 독립운동 세력의 연락과 연대를 위한 국내외 연락망인 연통부와 교통국을 조직하였다. 그리고 임시정부 기관지 「독립」을 창간하고, 훗날 역사 기록을 위해 독립운동 관련 사료편찬회도 만들었다.

안창호는 이러한 사업을 수행하면서 원동지역에도 흥사단운동이 필요함을 절감하고 1920년 1월에 미주에 있는 흥사단원인 박선과 김항작을 상해로 오게 하여 먼저 영국 조계에 단소를 마련하고 흥사단 원동지부 조직에 착수하였다. 그러나 정작 1920년 9월 20일에 가서야 미주 흥사단을 본부로 하고 국내를 비롯한 중국연해주, 국내, 일본을 관할 운동권으로 한 흥사단 지부로서 흥사단원동임시위원부가 결성되었다. 위원부의 본부를 상해지역에 둔만큼 초기에는 상해지역의 한인을 중

---

39) "상해한인교회사", 「기독신보」, 1922년 7월 26일, 8월 22일.
40) 주요한 편저, 『안도산전서』(흥사단출판부, 1999), 197-198.

심으로 한 민족운동단체인 신한청년단과 대한예수교연합진정회 회원 다수가 위원부 단원으로 입단하였다.[41)]

대한예수교연합진정회는 손정도가 상해 지역 기독교인들과 함께 1921년 3월 3일 조직한 단체였다. 대한예수교연합진정회는 국제사회에 한국의 독립운동을 선전하고, 국내에는 국외의 사정을 전달하는 선전 사업을 전개하였다. 특히, 국내의 각종 비밀결사에 보낸 청원서 에서 교회 간, 기관 간에 교통망 설치의 중요함을 강조하고, 기독교총회와 연회가 기도로써 나설 것을 요청하기도 하였다. 회장은 손정도가 맡았으며, 김병조, 김인전, 이원익, 조상섭, 송병조, 장덕로, 박윤근, 조보근, 주현칙, 백영엽, 여운형, 김태연, 선우혁, 서병호 등이 참여하였다.

대한예수교연합진정회는 교회사, 교회 진흥, 교회와 독립의 관계, 외국 교회와 한국과의 관계, 외국교회들의 한국 독립에 관한 동정과 원조를 국한문, 영문, 한문으로 편집하여 펴냈다. 동회 회원으로 위원부 단원이 된 이는 손정도(회장), 조상섭, 송병조, 장덕로(서기) 등 8명이었다.

한편, 손정도는 1920년 북경에서 개최된 미감리회 동아총회(Central Conference of Eastern Asia of the Methodist Episcopal Church)에서 현순과 함께 임시정부 대표로 북 경에 가서 고국에서 온 교회대표들을 만나기도 하였다. 그해 가을에는 일본에서 열리는 만국 주일학교대회에 한국 교회 대표의 불참을 주장하고, 일본이 한국 기독교 교회에 자행한 만행을 세계 교회 대표로 하여금 폭로케 하였다. 그 외에도 중국 각 교회에 한국교회의 참상을 전 하고 위원을 특파하여 선전활동을 전개하였다. 뿐만 아니라, 손정도는 1923년 3월 상해에 있던 기독교 목사 이원익, 김병조, 김인전, 조상섭, 송병조, 장덕로 등과 함께 미국 국회 상원의원 들과 세계기독교인들에게 우리 민족의 실상을 알리고 독립운동 지원을

41) 이명화, “흥사단원동임시위원부와 도산 안창호의 민족운동”, 「한국독립운동사연구」 제8집(1994), 231.

요청하는 '대한예수교회 진정서'를 발표하기도 하였다. 이처럼 손정도는 국내의 기독교 교회와 비밀결사 조직과 임시정부를 연결하고 정부의 국민적 기반을 조성하고자 하는 노력을 기울였다.

손정도는 1920년 3월 4일, 백영엽 목사, 유영과 함께 흥사단에 정식 입단하였다. 이후 손정도는 흥사단 원동위원부의 오락부장으로 활동했다. 그 예로, 1920년 12월 29-30일 흥사단 원동대회가 개최되었을 때 손정도가 여장을 하고 자리에 오르자 "일동이 환희하야 떠들고 각종의 창가와 유희를" 즐긴 적이 있다. 손정도는 이날 "기왕에 거짓되고 기쁨이 없고 사랑이 없는 가운데 썩이어 일은 뜻대로 되지 아니하고 앞으로 나아갈 길은 막막하야 마음에 기쁨을 얻을 수 없었더니 오늘날 이와 같이 모여 지냄에 기쁜 마음이 만족하오"[42]라고 소감을 말했다.

1919년 8월 18일 김병조가 외교위원회 상임위원장에 취임한 후 상해지역 기독교인들 가운데 목사 손정도, 안승원, 김병조, 장덕로, 이원익, 조상섭, 배형식과 장로 김시혁, 김승만, 조보근, 장붕 등 11인은 국제연맹, 만국장로교연합총회와 감리교백년기념대회, 미국상의원들, 미주 각 교회에 3.1운동 참가자들이 겪는 참상을 고발하는 '한국시사진술서'(韓國時事陳述書)를 발송하였다. 이 문서를 작성한 김병조는 장로교 목사이자 3·1운동 당시 33인 중의 한 사람이었다. 김병조는 3월 25일 의주를 떠나 4월 10일 상해에 도착, 임시정부 의정원에서 활동하였다. 그의 의정원 활동은 외교관계 문서 작성과 역사편찬 사업을 중심으로 이루어졌다. 한글로 읽기 쉽게 풀어 쓴 '한국시사진술서' 전문은 다음과 같다.

> "생각컨대 우리 한국은 해동(海東)의 오랜 나라이라, 신성한 단군이 나라의 복을 내리심을 수계(首啓)하시고 인현(仁賢)한 기자(箕子)는 예의로 풍

---

42) "제7회 원동대회 경과", 『도산안창호전집 』제8권, 37.

속을 화하게 하여 4천여 년의 역사를 향유하였으며, 2천만 민족의 사회를 맺음을 고수하고 있는 바, 오로지 황상제(皇上帝)께서 은혜 위에 또 은혜를 더하시어 40여 년 전부터 기독교의 복음을 하사하시었읍니다. 이후로 불과 10년에 30만 교도가 구름처럼 일어났으며, 2천여 교당이 사처에 별처럼 늘어서서 찬송하는 소리가 집집에서 서로 들리고 포교사(布教師)가 면면히 서로 이어지니 한 구석에 있는 우리나라가 비록 작으나 또한 족히 기도의 천국이 되었습니다. 그런데 불행히도 불운을 만나 일본의 궤계(詭計)로 병탄을 당하게 된 뒤로 선교(宣教)의 자유가 피탈 당하여 회집·전도와 설교·사경(査經)과 기도와 교육이 취체·제한에 구속이 되고 거짓된 종교, 이른바 조선조합교(朝鮮組合教)를 만들어 전파하여 교종(教宗)을 어지럽히며, 위하로 강압하여 교직자를 핍박하는 것입니다. 1911년에 목사와 장로·전도사 1백여 인이 3년 간 무죄히 수감된 혹형이 그 하나요, 10년 동안의 일반 정책이라는 것이 승냥이와 이리가 양떼를 물어 찢는 것과 같으니, 거국의 동포가 독한 손과 가혹한 정치를 참지 못하고 참을 수가 없는 형편이옵니다. 다행히 세계적인 평화와 민족의 자결의 좋은 기회를 들어 알고 너나 할 것 없이 몸속에 가득히 눌렀던 울분이 내뚝을 무너뜨림과 같이 적수공권(赤手空拳)으로 독립을 주장할 때에 교회와 각 단체의 남녀와 귀천이 서로 모의하지 않고도 한 가지로 일어서 손에 쥔 병기(兵器)는 오직 한 조각 종이 기(旗) 뿐이요, 입으로 부르는 군가(軍歌)는 무수한 만세가 그것입니다. 일의 성패(成敗)와 날카로움과 무딤을 거슬러 돌보지도 아니하고 전능하신 하느님만 의지하여 우러르며 만국공법을 신뢰하는 바입니다.
저 완명(頑冥)하고 무도한 일인의 포학은 이를 소탕할 계획으로서, 먼저 쇠갈쿠리를 많이 만들어 개·돼지와 같이 어지러이 찍어 잡아다 가두니, 경향의 감옥이 가득 차서 빈틈이 없읍니다. 또 사단(師團)의 군인을 더 파견하여 여염마을에 풀어 놓아 주야로 살륙을 자행하니 학살된 자가 6천여 명에 달하는 가운데, 가장 독한 형벌을 받은 자는 기독교입니다. 목사·장로 및 일반 수직(首職)은 거의가 피수되고 요행히 화를 면한 자는 산야에 엎드려 어둠으로 숨었으며, 불태워진 교당이 1백여 개소가 넘으며, 일요일에 남녀 신도가 가로에서 호곡하며 하늘을 우러러 기도하다가 일병에게 체포되어 곤욕을 받으며, 혹은 산간에서 은신하여 예배하며 교직자의 가택은 방화하지 않으면 때려 부수어 어디에 머물러 잘 곳이 없게 하고, 남자는 십자가를 등에 짊어지워 길 위에서 달리도록 강박하면서 "십자가를 짊어지자던 사람은 나와 보라." 하여 무거운 태형을 가하며, 여자는 심문장에서 나체적신(裸體赤身)을 만들어 무수한 음욕(淫辱)을 가하는 것은 입으로 말할 수가 없으며, 10세 미만의 여아와 60세를 넘은 늙은 부모가 수다히 참살 당함은 눈으로 차마 볼 수가 없나이다.

근일의 또한 더욱 극한 참상은 수원군(水原郡) 제암리(提岩里)의 예배당에 일병이 다수 출동하여 권유(勸喩)한다고 사칭하고 38명(교당 안에서 소사한 자는 22명)의 교도를 교당에 소집하여 문짝을 견고히 걸어 잠그고 창문으로 어지러이 발포하여 모조리 죽인 뒤 또한 일시에 불을 질러 교당 전부와 교당 안의 교우(教友)가 몰소(沒燒)되어 불탄 뼈와 재가 된 혼백을 이루었으니 로오마의 남은 독이 오늘에 이르기까지 상존(尙存) 하는도다. 황천(皇天)이 밝혀 내려다 보시고 세상의 눈이 공인하는 바입니다.

구리가 기울어지면 종(鍾)이 응하고, 지초(芝草)[버섯의 일종]가 타면 훈초(薰草)[여름에 향기로운 꽃이 피는 풀]가 탄식하나니 황차 가장 고귀한 영성(靈性)을 함께 부여받은 우리 인류에 있어서이리요! 자유와 존영(尊榮)의 목적을 주장하시는 여러 첨위(僉位)와 예수의 보배로운 피로 연락한 지체(肢體)를 함께 이루신 형제는 이 무고한 탄압의 칼로 생명을 잔혹히 함을 어찌 생각지 않고 무관한 것으로 두리요.

30만 기독교 신도와 2천만의 입을 벙긋거리는 물고기와 같은 창생(蒼生)이 한번 궁한 길 끝에 이르러 소리 내어 울 되 갈 곳이 없는 것을 위하여 첨위께서 애독하시는 진리와 주로 의지하시는 정의로, 이웃 사랑하기를 내 몸 같이 하라는 성경의 가르침을 우러러 실천하여, 스스로 존재할 여망(餘望)이 결핍하여 끊어져 가는 우리 한국 교회를 다행히 그 명맥을 보존케 하여 하늘의 해를 다시 보게 하실 것을 경요(敬要)하나이다."[43]

손정도와 안창호는 이승만이 임시정부의 대통령으로 취임케 하는 데서도 함께 하였다. 1919년 9월 11일, 손정도가 주재한 임시정부 의정원은 대한민국 임시정부 임시대통령으로 아직 미국에 있는 이승만을 선출하였다. 비로소 대통령이 있는 정부 조직이 만들어진 것이다. 그러나 이때부터 임시정부는 갈등과 내분으로 극심한 시련을 겪어야 했다. 무엇보다도 이승만을 반대하는 이동휘 등 사회주의 계열의 독립운동 세력의 반발이 거셌다. 대통령으로 선출된 이승만 자신도 상해로 오기를 꺼려하여 임시정부의 조직은 불안정한 상태에 있었다. 이런 상황에서 안창호와 손정도는 이승만을 설득하여 대통령에 취임하도록 노력하였다. 이승만이 상해에 도착한 것은 1920년 12월 8일이었다.

1921년 1월 1일 새해 첫날 임시정부 요인들이 참석한 신년 축하회에서 행한 손정도와 안창호의 연설을 보면 이승만의 대통령 취임은 두 사람 모두에게 감동적인 일이었다. 먼저 손정도가 환영사를 하였다. 정월 초하룻날을 또 다시 객향에서 맞이하게 된 것은 유감이지만 오래 앙모

43) 독립운동사편찬위원회, 「독립운동사 자료집 6, 3.1운동사자료집」(독립유공자사업기금운용위원회, 1971). 한국시사진술서'(韓國時事陳述書), 『독립운동사 자료집 6, 3.1운동사자료집』(독립유공자사업기금운용위원회, 1971). 194-196. 국한문혼용체의 원문은 김병조, 『독립운동사략』(아세아문화사, 1976), 160-163. 『독립운동사략』의 발행일은 1920년 6월로 추정된다.

손정도(오른쪽)와 이승만

하던 대통령 각하께서 오셔서 함께 신년을 맞이하게 되니 고맙고 기쁜 일이라는 내용이었다.[44] 이어서 노동국 총판 안창호의 축사가 뒤따랐다. 나의 사랑하는 태극기 밑에서 대통령과 의정원 원장 이하 의원 제씨와 국무총리 이하 정부 직원들과 더불어 신년을 맞이하니 심히 기쁘다고 했다.

그러나 이승만은 안창호와 손정도의 기대에 부응하지 못했다. 이승만은 자신에게 호의적이지만은 않은 상해 상황에 실망을 느끼고 1921년 5월, 워싱턴에서 개최된 태평양회의 참석을 이유로 상해를 떠났다. 대통령의 이탈은 임시정부 조직과 사업에 큰 위기를 초래하였다. 이런 위기 상황에서 안창호와 손정도는 민족운동 세력들의 화해와 연대를 위해 분투하였다. 그러나 결과는 기대한 만큼 이루어지지 못했다. 결국 안창호는 임시정부 조직과 활동의 한계를 느끼고 1921년 5월 임시정부 내각에서 물러났다.

임시정부의 문제는 이승만이 미국으로 돌아가기 이전부터 제기되고 있었다. 독립운동 단체의 대표들이 한자리에 모여 독립운동의 새로운 방향을 모색해야 한다는 목소리가 커져가고 있었다. 임시정부에 대한 도전이었다. 그 예로 1920년 4월 미국에서 북경에 도착한 박용만은

44) "신년축하회", 「독립신문」, 1921년 1월 15일; 도산안창호선생전집편찬위원회, 『도산안창호전집 제6권, 대한민국임시정부, 유일당운동』, 311.

1년 뒤 임시정부와 이승만의 노선에 반대하는 신숙, 신채호, 이회영 등과 함께 군사통일회의를 개최하였다. 1923년 1월에는 상해에서 국민대표회의가 열렸다. 1월 3일부터 상해에서 1백여 명의 독립운동 단체 대표들이 참가한 가운데 개최된 회의였다. 중국 관내와 구미와 러시아 지역의 독립운동가 130명이 상해의 교회당인 삼일당에 모였다. 의장에는 김동삼, 부의장에 안창호와 윤해가 선출되었다. 손정도는 평남대표로 참가하였다.

임시 정부와 의정원은 국민대표회의가 열리자 결과를 기다렸다. 그러나 국민대표회의는 창조파와 개조파 간의 논란으로 일관하다 결렬되었다. 일부는 임시정부의 개조를 주장했다(안창호, 손정도, 차리석 등). 일부는 임시정부를 해체하고 새로운 정부를 수립하자고 주장했다(신채호, 박용만, 윤해, 원세훈, 여운형, 김규식 등). 6월 3일 개조파 57명은 국민대표회의를 사퇴하였다. 창조파도 임시정부의 해체와 신정부 수립을 선언하고 상해를 떠났다. 이 상황에서 임시정부는 임시정부의 체제 개편에 나서야했다. 그 후 임시정부는 임시정부대로 재건되었고, 중국 동북지역의 독립운동 단체도 진통을 겪다가 1920년대 중반에 신민부, 정의부, 참의부의 3부로 정리되었다.

국민대표회의 직후 임시정부 중심의 정치활동에 한계를 느낀 안창호와 손정도는 점차 임시정부 조직에서 발을 빼는 한편, 원동위원부를 중심으로 한 흥사단 운동과 이상촌 건설 운동에 집중하였다. 당시 원동위원부가 주력을 기울였던 사업이 동명학원의 개교와 운영이었다. 동명학원은 1924년 3월 3일 흥사단 원동임시위원부(이하 원동위원부)가 중국 남경에 설립한 민족교육기관으로 위원부에서는 반 임정 세력의 근거지인 북경지역으로 위원부 위치를 옮기고 이곳을 중심으로 독립운동세력을 통합시키며 위원부 사업도 전개하고자 하였다. 그러나 반 임정 세력들의 활동 근거지인 만큼 단원 확보의 어려움이 예상되자 남경에 토지를 매입하고 여기에 교육기관을 설치하기로 하였다. 그리하여 위원부에서는 미주 홍사단의 자금 원조로 820원에 1, 500평의 학원기지를 구입, 1924년 3월에 남경에 동명학원(東明學院)을 설립하였다. 이곳에서 장차 나라의 동량이 될 학생들을 교육하고자 하였다.

당시 국내의 젊은이들은 고등교육을 받기 위해 중국의 상해, 북경, 남경 등지로 몰려들었다. 그들은 중국에 왔지만 언어 문제로 학업을 계속하지 못하고 방황하는 자들이 많았다. 위원부에서는 조선의 젊은이들이 외국 학교에 입학하여 학업을 계속할 수 있도록 영어와 중국어를 보습할 필요성을 절감하였다. 그리하여 처음에는 영어와 중국어를 주로 교수하는 어학강습소로 기획되었다. 그런데 어학뿐만 아니라 홍사단의 이념과 정신을 가르치고 지도하여 청년들이 유럽이나 중국의 어느 대학이든지 입학하여 모범청년으로 양성 될 수 있도록 지도하고자 하였다. 동명학원의 원장은 안창호가 맡았다.

명예원장은 황성 와이엠씨에이(오늘날의 서울YMCA)에서 일했던 질레트(Philip L. Gillett)였다. 1901년 9월 한국 와이엠시에이 창설 책임자로 임명되어 서울에 온 그는 1903년 10월 와이엠시에이를 창립하고 초대 총무가 되었다. 그는 1911년, 105인 사건이 터지며 수많은 기독교 인사들이 붙잡혀 가게 되자 질레트는 황성와이엠씨에이 회장 저다인(Joseph L. Gerdine)과 함께 장문의 105인 사건 보고서를 만들어 에딘버러 세계선교사대회 계속위원회, 미국 남감리교 해외선교부 및 관련된 다른 해외선교부 총무들에게 보내 협조를 요청했던 인물이었다. 그는 1913년 6월 중국 상해에서 열린 와이엠시에이 지도자강습회에 참석한 후 조선총독부의 방해로 서울로 돌아오지 못하게 되었다. 그래서 남경, 북경, 상해 등에서 와이엠시에이 총무로 활동했는데 상해에 머물 때는 대한민국 임시정부를 돕기도 하였다.

동명학원은 그후 1926년 9월 26일에 화재로 교사와 기숙사가 전소되고, 중국내의 혁명군이 북벌하면서 유학생들이 흩어지자 학원은 소멸하였다.

이 무렵 안창호는 미주지역 흥사단과 대한인국민회의 조직을 재정비하는 일과 원동위원부 활동의 기점이 되는 근거지, 즉 기지건설 자금 마련을 위해서 1924년 7월경 상해를 떠나 미국으로 갔다. 안창호의 기지건설 운동은 해외 독립운동의 근거지를 마련하고 동시에 가난한 한인들을 집단 이주시켜 농사를 짓도록 하는 일이었다. 이렇게 함으로써 한인들의 생활을 안정시키고 이를 바탕으로 독립운동의 재정적 기반을 마련하려는 것이었다. 안창호가 기지 건설지로 가장 유력시한 지역은 양자강 연안의 진강과 만주의 길림지역이었다.

손정도의 흥사단 원동위원부 활동은 그가 길림으로 자리를 옮긴 후, 1931년 사망하기 직전까지 계속 되었다.

8. 한인교회

상해의 한인들은 국내에서와 같이 여기서도 신앙생활을 하였다. 한인들은 대종교, 천도교, 기독교에 속해 신앙생활을 했는데, 한인들의 종교 중 기독교(개신교) 세력이 가장 컸다. 1920년대의 경우 이 지역 한인의 70%가 기독교도였다. 대종교와 천도교에 속해 종교생활을 하는 이도 있었으나 이들은 20여 명에 불과했다.[45)]

1910년까지 상해에는 한인이 매우 적었고, 그들 중 기독교인도 적었다. 상해 한인 기독교인들의 공식적인 종교활동은 1914년 9월부터 였

45) 손과지, 『상해한인사회사: 1910-1945』(한울아카데미, 2001), 190.

상해, 미해군 YMCA 빌딩

다. 최재학, 임학준, 이기룡, 김종상 등 일곱 사람은 미국 와이엠시에이에서 파견한 상해 중국인 와이엠시에이 총무 락우드(W.W. Lockwood)의 인도로 매주 수요일 밤 중국인 와이엠시에이에서 영어 성경 공부를 시작했다. 최재학은 1904년부터 황성 와이엠시에이에서 김정식, 육정수, 김종상 등과 함께 간사로 활동했던 인물이었다. 1895년 이후 중국에서는 천진(1895), 상해(1899), 홍콩(1901), 연태(1903) 등지에 잇달아 설립됐다. 상해에는 1876년에 설립된 외국인 와이엠시에이(Foreign YMCA)가 있었으나 그것은 서구 청년들을 대상으로 한 것이었다.

1913년에서 1921년까지의 시기에 중국인 와이엠시에이(Chinese YMCA)는 가장 영향력 있는 청년 단체였다. 1913년이 시작될 때 중국인 와이엠시에이는 이미 전국 25개의 도시와 105개의 학교에 와이엠시에이 조직을 둔 기구로 185명의 간사와 10,066명의 회원을 갖춘 강력한 청년 단체였다. 당시 상해에는 외국인 와이엠시에이나 중국인 와이엠시에이 외에도 미국 해군 와이엠시에이(Shanghai Navy YMCA)가 있었다. 중국인 와이엠시에이에서 영어 성경을 공부하던 한인들은 1914년 11월부터는 미해군 와이엠시에이 빌딩의 방 하나를 빌려 주일 예배를 보기 시작하였다. 11월 첫 번째 주일 30명이 모여 예배를 드렸는데, 이 날 이들은 예배를 시작한 것을 기념하여 사진도 찍었다. 예배 인도는 서울의 와이엠시에이에서 운동부 간사로 활동했던 김종상이 맡았다.

그러나 이듬해 8월에 문제가 생겼다. 한국에서 밀항 해 오는 교포들이 많이 생겼다. 독립운동 하던 지사들이 국내에서 신변의 위태함을 당하면 중국으로 망명하였는데, 특히 상해로 오는 밀항자들을 해군 와이엠시에이가 비밀리에 보호하였다. 이 일이 발각되어 상해신문「대륙보」(大陸報)에 보도되었다. 이 일은 일본 영사관에서 미국 영사관에 항의하는 외교문제로까지 비화되었다. 결국 김종상은 한국으로 돌아갔고, 교회도 곧 사천로 중국인 와이엠시에이 건물로 이전하게 되었다. 상해의 중국인 와이엠시에이 회관은 중국에서는 최초로 체육관 시설을 갖춘 건물이었는데 교회는 그 회관의 식당을 빌려 사용하였다.

1917년 1월 한인교회의 임원 선거가 있었다. 남경대학에서 수학한 여운형이 교회 전도인으로, 임학준은 서기, 한진교는 회계에 선임되었다. 이 무렵 상해에 한인이 증가하고 교인도 늘자 교회에서는 중국와이엠시에이 이사회에 수시로 예배드릴 수 있는 공간을 요청하였는데, 식당 대신 옥상에 예배공간을 확보하였다. 이런 이야기들은 1922년 6월부터 서울에서 간행된「기독신보」에 "상해 선인교회사"라는 제목으로 연재되었다.

1918년 9월에는 한국장로교총회에 여운형과 조지 피치(George. A. Fitch) 목사가 참석하여 상해교회의 상황을 보고하였다. 피치 목사는 중국 상해에 온 뒤 와이엠시에이에서 활동한 인물인데, 주중 미국대사에게 여운형을 소개했는가 하면, 한국 독립운동가들을 위한 회합장소도 제공하였다.

상해 한인교회는 삼일운동 이후 발전의 전기를 마련했다. 1919년 3.1운동 직후 광복을 위하여 또는 핍박을 피하여 각계 인사들이 상해에 운집하였다. 그 해 7월에는 김병조 목사를 담임목사로 청빙하였다. 김병조 목사는 3.1운동 시 민족 대표의 한 사람이었다. 늘어나는 교인들로 예배 장소가 협소해지자 중국장로교회 예배당을 빌려 사용하다가 1920년에는 예배 장소를 프랑스 조계 내 교민단 사무소로 옮겼다. 「독립신문」(1921년 1월 21일)에 의하면, 1920년 연말에는 183명의 교인이 있었다. 교인들은 대부분 고국의 장로교회나 감리교회에서 신앙생활을 하던 사람들이었다. 교인들은 1922년 상해조선인예수교회라는 독자적인 조직과 교회법도 만들었다. 이때 상해에는 이름 있는 목사들이 10여 명이나 되었다.

그 당시 상해교회에서 주요한 직분을 맡은 사람들은 대부분 임시정부 요인들이었다. 담임목사 김병조는 의정원 의원, 송병조 목사는 재무총장, 손정도 목사는 의정원 의장, 정인과 목사는 의정원 부의장, 현순 목사는 외무차장을 맡았다. 여운형(의정원 의원), 한진교(의정원 의원), 서병호(신한청년당 이사장)도 교인이었다. 그밖에도 이승만(대통령), 노백린(국무총리), 안창호(내무총장), 김규식(외무총장), 이동휘(군무총장), 신익희(내무차장), 조소앙(비서장) 등이 모두 상해교회 교인들이었다. 이처럼 임시정부 수립 이후 상해로 집결한 민족운동가들 가운데는 개신교인이 많았다. 그 때문에 일제는 상해교회를 예수교를 이용하여 독립운동을 선전하는데 그 주의가 있다고 경계하고 있었다.

이 교회는 1920년대 중반을 넘어서면서 한인사회와 임시정부에 야기된 노선상의 갈등과 암투, 일본정부의 방해공작 등으로 위기를 맞이하였다. 게다가 1930년대에는 만주사변 발발, 임시정부의 항주 이주, 그리고 반종교운동 등의 영향으로 한 때 활기찼던 교회로서의 모습을 더 이상 찾아볼 수 없게 되었다.

남경에도 1915년에 시작된 한인교회가 하나 있었다. 남경의 한인교회는 선교사들이 운영하던 학교에서 공부하던 유학생들이 중심이 된 교회였다. 3.1운동 이후 한인 유학생이 늘면서 한 때 활기에 찼으나 1926-27년 중국 공산당과 국민당의 전투로 남경이 혼란에 빠지게 되면서 유학생들이 대거 남경을 떠났고 교회는 해산의 위기에 처했다. 이때의 혼란과 위기 상황을 1927년의 조선예수교장로회총회에서는 이렇게 보고하고 있었다.

"남경은 장덕노 목사가 시무하온 바 난리 중 고생을 많이 당하였사오나 유학생들이 해산됨으로 계속 시무키 난하오며. . ."

제3부
길림시절

1. 길림의 한인사회

만주는 오늘날의 중국 동북지방을 일컫는 말이다. 요녕(랴오닝), 길림(지린), 흑룡강(헤이룽장)의 동북 삼성으로 구성되어 있다. 동쪽과 북쪽은 러시아와 접해 있고, 남쪽은 압록강과 두만강을 경계로 한반도와 접해 있다. 만주는 면적이 한반도의 약 6배나 되며, 여러 강국이 흥기한 지역이기도 하다. 그 시초가 우리 민족의 조상들이 일으킨 부여이고 고구려이며 고구려 멸망 후에는 고구려 유민이 근간이 되었던 발해이고 중국 청나라를 세운 만주족(전신은 여진족)의 본거지이기도 하다. 만주는 원래 청 태조인 누루하치의 존칭이자 법적 명칭이었다고 한다. 이 명칭이 일반화하여 널리 쓰이게 된 것은 1932년 일제가 만주국이라는 나라를 세운 뒤부터다. 만주는 이처럼 동양사의 한 진원지이면서도 한민족의 역사와도 깊은 관련이 있는 지역이다.

한인의 만주 이주가 대규모로 이루어진 것은 19세기 후반부터의 일이다. 초기엔 가뭄으로 인한 흉작과 전염병의 창궐, 관리들의 가렴주구가 주요인이었다. 그후 1910년 국권 상실에 이르는 일련의 정치적 격

변을 맞으면서 고향을 떠나 만주로 이주하는 인구가 급증했다. 해마다 2~3만 명씩 늘어나던 만주 유이민(流移民) 수는 3·1운동이 일어난 1919년 이후 급증했다. 1919년경에는 약 50만 명의 한인들이 살고 있었다. 1919년 이후로도 한인의 이주행렬이 만주 광야로 흘러들어갔다. 일본 당국의 통계에 의하면 1919년 이후 한 해 동안에 거의 44,000명의 한인이 만주지방으로 이주했다. 3·1운동에 참여했다 쫓기는 몸이 된 애국지사들이 대거 망명길에 올랐고, 일제의 토지 수탈로 생산 수단을 잃은 농민들이 살길을 찾아 만주로 떠났다. 염상섭의 소설 〈만세전〉에서 "북으로 북으로 기어나가는 패자의 떼"로 표현된다.

미국의 북장로교 선교사 웰링 쿡(Welling T. Cook)은 만주의 장춘과 목단에 있으면서 1920년 전후에 목도한 한국 유이민(流移民)들의 참상을 본국 선교부에 알린 적이 있다.

> "만주를 찾아오는 한국 실향 이주민들의 말 못할 참고(慘苦)의 모습은 이를 목격한 사람의 언어로도 그 표현과 이해가 심히 어려울 지경이다. 엄동설한, 영하 40도를 오르내리는 추위 속에서 헌 옷을 입은 말 없는 사람들의 떼가 열 혹은 스물, 쉰씩, 호구(糊口)를 위해서 눈 덮인 산언덕을 허무러지듯 밀려 간다. 만주의 나무 많고 돌 많은 내버려진 땅에 생사를 걸고 이들은 발을 내딛고 있는 것이다...여럿이 식량의 부족으로 죽어갔다. 부녀자뿐만 아니라 청년들도 얼어죽어 갔다.
> 여자들은 제대로 옷을 못 입어 허리께가 퍼렇게 드러났는데 어린애를 등에 업어 피차 조금은 따스하게 할 수 있었으나...어린애들의 버선 없는 발목이 새파랗게 얼어 있었다. 이렇게 노인이나 부녀자들은 허리가 굽고 보기에도 가엽은 얼굴을 하고 몇 백리를 아무 말 없이 걸어 간다. 뼈가 휘청해져서 더 이상 한 발자국도 더 내놓을 수 없을 때까지...[46]

1926년 3월 16일부터 18일 사이엔 단 3일 만에 5천2백 명의 농민들이 청량리역을 떠나 만주 이민 길에 올랐다는 신문 보도도 있었다. 만주는 이처럼 일제강점기에 수많은 한인들이 이주한 지역이었다. 1931년 일본의 만주침입 이전에 이미 70여만 명의 교포가 만주로 갔으며 그후 140여만 명의 한국인들이 더 이주해, 1945년까지는 210만 명이 넘는 한국인들이 거주했던 지역이었다.

조선통독부가 조사한 출국인원수 통계에 의하면, 1915년에서 1919년까지 중국으로 이주한 사람들 중 90% 이상이 신의주를 통해서 갔다.[47] 압록강을 건너온 이주민들은 단동을 거쳐 남만철도로 장춘까지 와서 거기에서 만주 북쪽으로 가던가, 길장선(장춘-길림)을 타고 길림을 경유하여 그 근방의 오지로 갔으며 봉천으로부터 봉해선(봉천-해룡), 길회선(연길-조선 회령)을 거쳐 돈화, 액목, 영안 방면으로 가기도 하였다. 1927년까지 일제가 만주에 놓은 철길은 남만철도(장춘-봉천-대련, 봉천-안동, 봉천-무순), 봉해선, 길장철도(장춘-길림), 천회철도(조선 회령-중국 천보산) 등이었다.

이주 한인들의 수는 자료마다 서로 달라 정확히 산출해 내기는 어렵지만, 연구자들은 1926년부터 1929년까지 만주 거주 한인의 인구는 대략 50만 이상 70만 이내로 추정한다. 이것은 1931년 일본의 만주침입 이전에 많으면 70만에 이르는 교포가 만주로 이주했다는 것을 뜻한다. 그후 만주 및 조선에 대한 일본의 식민정책으로 만주 이주가 급증하여 만주국 성립 이후 이주한 동포의 수가 140여만 명이나 되었다.

만주지방으로 이주해 온 한국인들 대부분이 길림성에서 살았다. 1920년대 후반 재만 한인의 분포를 보면, 안동(현 단동, 9,903명), 통화

---

46) 민경배,『한국기독교회사』개정판 (대한기독교서회, 1991), 289-290.
47) 손과지,『상해한인사회사: 1910-1945』, 46.

(13,980명), 관전(10,076명), 심양(8,033명), 홍경(19,256명), 장춘(1,379명), 돈화(3,462명), 하얼빈(1,980명) 등지에 주로 많은 한인들이 거주하고 있었다.[48] 그 중에서도 1,856명이 거주했던 길림(오늘의 길림시)은 만주의 한복판, 송화강 상류에 위치해 있으면서 동만주와 북만주, 남만주와 중국관내로 가는 교통 요지였으며 봉천, 장춘, 하얼빈과 더불어 만주지방의 정치, 경제, 문화의 중심지의 하나였다.

1929년 길림시의 인구수는 102,299명으로 중국의 동북지방에서 가장 역사가 오랜 도시였다. 일본이 1937년 만주국을 세우고 나서 길림을 자기들의 국내 고도 교토에 빗대 작은 교토라고 부르기도 했는데, 그만큼 고색이 찬연한 성곽도시였다. 무엇보다도 길림은 1919년 11월 의열단이 조직된 도시였다. 의열단이란 명칭에는 정의로운 일을 맹렬히 실행하며 조선의 독립과 세계의 평등을 위하여 신명을 희생한다는 취지를 담고 있었다. 의열단을 주도한 김원봉은 1898년 밀양에서 태어났다. 만 스무살인 1918년 남경의 금릉대학에 입학하였고, 1919년 3월 초순 길림에 온 사람이었다. 의열단 조직에 참여한 인물들은 대부분 신흥무관학교에서 수학한 20대 초중반의 청년들이었다. 김원봉과 동료들은 길림성 파호문밖의 한 중국인 농부 집을 세내어 거처 겸 연락처로 사용했는데, 이 집에서 11월 10일 의열단이 발족되었다. 간혹 한국의 역사가들이나 관광객들이 이 집을 찾아가는 경우가 있으나 이 집은 오래 전에 헐려서 지금은 그 흔적을 찾을 수 없다.

만주국이 되기 전 만주지역의 통치를 담당한 기관은 독군서(督軍署)였는데 최고의 군정행정 기관이었다. 길림 독군서에서는 장작림의 4촌 동생 장작상이 우두머리 노릇을 하였는데 그는 일본사람들의 말을 잘 듣지 않았다. 그의 이러한 특징이 독립 운동가들에게 유리한 조건을 지

48) 이훈구, 『만주와 조선인』(성진문화사, 1979), 115-117.

어주었다. 이러한 사정으로 인하여 일본군경에 쫓겨 다니는 독립 운동가들과 공산주의자들이 길림에 많이 모여들게 되었다. 그래서 이 도시는 자연히 한인들의 정치활동의 중심지를 이루게 되였다. 중국관내에서는 상해가 한인혁명가들의 집결처였다면 동북지방에서는 길림이 독립 운동가들과 혁명가들의 집결처였다. 그래서 길림을 제 2의 상해라고 한 일본사람들의 평가가 우연한 것이 아니였다.

이런 이유로 길림은 1920년대 후반기 만주에서 민족주의 운동의 기본 세력이였던 정의부, 참의부, 신민부의 수뇌들의 집결처였다. 독립운동가들이 신문을 발간하고 학교를 세우는 일은 화전, 홍경, 룡정 같은 데서 많이 하였지만 실지 그 수뇌들이 모여 활동한 곳은 길림이었다. 특히 그 당시 정의부 간부들은 거의 다 길림에 상주하고 있었다. 집행위원회 위원장 현익철(일명 현묵관)을 비롯해 지방부 위원장 김이대, 군사부 위원장 이웅, 그리고 별동대 대장 이동훈, 경무과장 김구(金球)등이 모두 길림에서 활동하였다. 정의부는 행정, 재무, 사법, 군무, 학무, 외교, 검찰 등 중앙기구와 지방기관까지 꾸려놓고 관할 구역의 동포들한테서 세금까지 받고 있었다. 이 기구를 보호하기 위해 정의부는 150여명의 군인들로 조직된 중앙호위대까지 가지고 있었다.[49]

길림은 화요파, 엠엘파, 서울파(서상파)와 같은 공산주의 계열의 운동가들이 자기파의 세력을 확장하기 위하여 활동하던 곳이기도 했다. 우리나라의 사회주의 운동은 1920년대 초부터 진보적인 조선인 유학생들이 일본유학 기간 동안 사회주의를 접하면서 점차 수면으로 나오기 시작하였으며, 러시아 10월혁명에 영향을 받은, 몰락한 양반과 인텔리겐치아, 민족주의 계열 인사 등이 중심이 되어 조선공산당이 설립되었다. 하지만 엠엘파, 화요파, 서울파 등 파벌들의 난립으로 코민테른에서 서

49) 김일성, 『세기와 더불어 1』(조선로동당출판사, 1992), 205.

로 자기들이 조선공산당이라고 주장할 정도로 심각한 진통을 겪었다. 민족주의자, 공산주의자, 망명자 등 별의별 사람들이 다 여기로 모여들었다. 새것을 지향하고 진리를 갈구하는 청년학생들도 찾아왔다. 후일 김일성이 "내가 공산주의 기치를 들고 혁명활동을 벌렸다."고 회고한 곳도 길림이었다.

2. 미감리회의 북만주 선교

1919년 3.1운동 이후에는 다수의 기독교인들도 정든 고향과 교회을 등지고 만주로 떠났다. 그들 중에는 교회 지도자들도 상당수 포함되어 있었다. 어떤 지역에서는 교회 지도자들의 대거 이주로 교회사업이 한동안 마비되기도 할 정도였다. 한 감리교회의 예는 이것을 잘 보여준다.

> "우리의 많은 사람들이 한국을 떠나서 만주와 중국의 다른 지방으로 떠나버렸다. 다수의 우리 젊은이들도 떠났다. 이들 중에 많은 사람들이 우리 매일학교와 주일학교의 교사들이었다. 한 교회에서만도 42명의 집단이 한꺼번에 만주 간도를 향하여 떠났다." [50]

만주로 간 교인들은 교회에 입교했다. 이 결과로 만주 지역의 교회들은 크게 부흥해갔으며 그곳에서 진행된 한국교회의 선교활동도 다양한 교파교회들의 참여 속에서 활발하게 되었다. 만주지역은 흔히 남만

---

50) Report of Methodist Episcopal Church for 1920," *Annual Report of the Board of Foreign Moissions of the Methodist Episcopal Church, Korea Mission 1884-1943*(한국기독교역사연구소, 2012), 635.

주(봉천, 홍경), 북만주(길림, 장춘, 하얼빈), 동만주(연길, 훈춘)으로 구분되는데, 주로 남만주는 평안북도의 장로교회와 미북장로회 선교부가, 동만주는 함경도 지방의 장로교회와 캐나다장로회 선교부 맡았다. 북만주 지역에서는 미감리회 선교부와 감리교회가 선교활동에 나섰다.

한국감리교회의 만주 선교는 1930년 이전, 그러니까 기독교조선감리회로 통합되기 이전에는 미감리회와 남감리회가 별도로 선교를 추진했다. 미감리회 조선연회는 1910년 목사 안수를 받은 손정도를 중국 선교사로 파송했다. 그는 만주와 천진, 북경 등지를 왕래하며 중국말을 익히다가 1912년 하얼빈에 정착했다.

미감리회는 그후 1918년에야 다시 배형식 목사를 만주 선교사로 파송했다. 그는 1년간 하얼빈을 중심으로 북만주 전역과 시베리아를 순회하면서 선교할 곳을 둘러보고 귀국했다. 그는 1921년 3월에 다시 파송 받아 본격적인 선교사업에 착수했다. 그 결과 장춘과 하얼빈에 교회가 설립되었다.

캐나다장로교와 협약을 맺고 1909년 만주지역 선교를 중단했던 남감리교는 1920년 다시 그 지역 선교를 시작했다. 남감리교 만주선교는 1922년에 북만주의 길림지방회와 동만주의 북간도지방회를 설립할 정도로 빠르게 성장했다. 그러나 선교지가 겹치는 문제가 다시 발생하자 길림지방회와 북간도지방회 연길구역의 교회를 각각 북감리교와 장로교에 이양했다.

한편, 1921년부터 하얼빈 중심의 북만주지역 선교를 본격적으로 시작한 북감리교는 선교지 협정으로 남감리교 교회가 편입되면서 교세가 갑자기 커졌다. 1923년 1월부터는 남감리회에서 관장하던 신참, 화전, 액목, 돈화 등지의 교회들이 미감리회 구역으로 편입되면서 교세가 급격하게 성장했다. 그 결과 1923년에 만주지방회가 조직되어 감리사에 배형식 목사가 선임되었다. 감리사 배형식은 손정도와 더불어 만주지역에서 활동하던 대표적인 개신교 민족운동가였다. 액목, 장춘, 길림, 봉천, 화전, 철령에는 감리교 목회자가 파송되었다. 1920년대에 만주지방회 소속 감리교인은 대략 1300-1400명 정도였다.

미감리회가 북만지역 선교를 확장해감에 따라 그 범위가 넓어졌고 남만에서 북쪽으로 선교지역을 확장하려는 북장로교 선교부와 선교지역이 겹치는 현상이 나타났다. 두 선교부는 1924년 1월 봉천장로교회에서 선교지역 협상을 벌여, 대략 봉천->장춘->하얼빈으로 연결되는 철도선을 경계로 하여 그 서북부를 미감리회가, 동남부를 북장로회가 맡기로 하였다.

3. 길림으로 이주하다

감리교회에서는 1923년 만주 지방회를 조직하고 목회자를 파송했지만, 그래도 배형식 목사와 몇몇 목회자들이 넓은 북만주 지역을 관장하기는 무리였다. 이 무렵 손정도 목사도 만주 이주를 계획하고 있었다. 임시정부의 독립운동에 절망한 때문이었다. 손정도는 대한문 뒷편 정동교회에서 개최된 감리교 연회에 참석하였다. 이 연회에서 교적을 다시 회복했다.[51] 손정도는 1918년 이후 목회를 하지 않았기 때문에 감리교회에서 휴직상태에 있다가 1921년에는 퇴회(退會)한 바 있었다. 1924년 9월에는 길림과 교하 사이에 있는 신첩교회 목사로 파송 받았다. 그가 상해를 떠난 시기는 불확실하나 길림 목회는 이렇게 시작되었다. 당시 북만주에는 손정도의 친구 배형식 목사가 만주지방 감리사로서 하

---

51) 『미감리회조선연회록』(1922), 35; 1921, 5; 1923, 42.

얼빈에 있으면서 북만주 일대를 관할하고 있었다.

원래 길림 지역의 선교는 남감리회로부터 시작되었다. 남감리회는 시베리아와 만주선교를 위한 책임자로 선교사 크램(Willard G. Cram)과 정재덕 목사를 임명하였다. 크램, 정재덕과 양주삼 목사 일행은 1920년 10월 6일부터 25일까지 첫 번째 선교시찰여행을 떠났다. 이들 세 명은 1920년 10월 6일 개성에서 출발하여 안동(현 단동), 봉천, 장춘을 거쳐 길림에 도착하였다. 정재덕 목사는 길림의 선교 가능성을 조사하기 위해 길림에 남았다. 크램과 양주삼은 하얼빈, 해림, 목단강을 거쳐 시베리아에 갔다. 길림에 남았던 정재덕 목사는 길림과 액목현 지역에 교회를 설립하고, 시베리아로 떠났다. 그 후에 길림에 최수영 목사가 파송되었다. 이들의 선교로 1921년 5월까지는 길림과 하얼빈, 니콜스크 일대에는 약 20개의 소그룹들이 조직되었다. 1921년 8월 31일부터 9월 1일까지 니콜스크에서 램버트(Walter R. Lambuth) 감독의 주재 하에 선교연회가 개최되어 시베리아·만주 선교처를 조직하게 되었다.[52] 시베리아 지역은 함경북도와 접해 있는 지역으로 육로로는 두만강 하류를 건너면 갈 수 있었다. 철로로는 서울에서 만주 봉천으로, 봉천에서 장춘을 거쳐 하얼빈으로, 하얼빈에서 블라디보스토크로, 블라디보스토크에서 하바로브스크에 이르는 만주 전 지역과 시베리아 지역을 관통할 수 있었다.

손정도가 길림에 와서 첫발을 붙인 곳이 길림시 우마항(牛馬行) 거리였다. 1924년 9월 연회에서 신참교회에 파송을 받으면서 목회자로 돌아왔다. 신참교회는 액목 근처에 있었다. 길림에서 버스로 1시간 정도 떨어진 교하는 해방전 액목으로 불리던 곳이다. 손정도는 길림교회 외에 신참교회, 액목교회, 대강자교회, 대분교회 등을 맡아 일했다. 액목

52) 문영걸, "조선 남감리회의 시베리아 선교(1920~1931)," 「한국기독교와 역사」 (2011년 3월), 132-133.

손정도

(교하)에서 북쪽으로 20분 정도 거리에 손정도 목사가 처음 파송받은 신참(현재 신잔) 마을이 있다. 신참교회에서 6개월 여 목회하다가 길림 성 안으로 들어가 우마항에 있는 중국인 교회를 빌려 목회를 시작하였다. 현재 하남가 188-3,4호에 있는 예배당은 중국인 예배당인데 길림의 한인들이 빌려서 예배를 보았다.

손정도는 우마항에 얻어 안식처를 잡았다. 평양에 있던 가족들도 이 때 길림으로 이주하여 교회 사택에 머물게 되었다. 이때로부터 그의 집은 의지할 곳 없는 조선족이 주민들의 구심점을 이루었으며 떠돌아다니는 반일 민족독립 지사들의 숙소와 연락처가 되였다. 일제경찰의 눈을 피해 다니는 망명객들, 반일투사들 혹은 집 없는 이주민들의 식사준비로 그의 식구들은 매일같이 분주했다.

손정도는 길림에 옮겨온 후 후에 교인들이 늘어나자 다른 독립 운동가들과 함께 대동문 밖 송화강변에 붉은 50평 규모의 벽돌집의 예배당을 따로 세우고 목사관을 건축했다. 동포들의 자녀들을 교육하기 위한 유치원과 소학교까지 세워놓고 전도활동과 독립운동을 벌렸다. 교회는 이국땅에 쫓겨와 자라고 있는 동포 자녀들에게 한국사람의 넋을 심어주는 장소이기도 했다. 당시 길림에는 강안거리 송화강 옆에 프랑스 신부가 세운 천주교회당이 있었다. 거기는 중국 사람들이 주로 찾아갔는데, 이 교회당은 지금도 그 자리에 있다. 교역자가 부족했기 때문에 손정도는 길림교회에서 목회하는 일 외에도 액목현 교회, 대강자교회 등을 돌아가며 방문하였다. 이 시기의 길림교회에 대해서는 후일 김일성과 손정도 목사의 둘째 아들 손원태가 이야기한 것이 있다. 그는 이렇게 회상했다.

> "조선 사람들을 위한 예배당으로서는 우리 아버지 예배당밖에 없었다. 아버지는 이 교회당을 거점으로 조선 사람들에 대한 포교와 계몽을 실행코자 하였다. 교회에서는 주일학교를 운영하였는데 원일 형과 김성주[김일성] 형은 다같이 주일학교 강사였다. 나는 주로 원일 형이 강사로 있는 반에 속해 있었는데 예수의 교리보다도 이순신 장군 이야기랑 조선역사 이야기를 더 많이 들려주었다. 하고 보면 손목사의 교회당은 독립정신을 키워주는 학당이기도 하였다. 동시에 길림교회는 만주일대에서 방황하는 의지할 곳 없고 무권리한 조선 사람들의 안식처이기도 하였다." [53)]

4. 안창호의 길림 방문

이처럼 손정도가 길림에 자리를 잡고 목회와 민족운동을 병행해 나갈 때 안창호는 미주 지역을 순회하며 오래전부터 구상하였던 독립운동 기지로서 이상촌 건설을 위한 자금을 모금하였다. 안창호는 1926년 5월 중국으로 다시 와서 독립운동을 전개하는 한편, 이상촌 건립 후보지를 답사하였다. 1926년 말에 안창호가 길림을 방문하였다. 안창호가 길림을 방문한 것도 그 일 때문이었지만, 길림 방문에서 더 중요한 일

---

53) 손원태, 『손원태 회고록』, 1996. 미간행물. 18.

은 정의부, 참의부, 신민부로 나뉘어져 활동하고 있는 만주지역 무장독립운동 단체들의 통합 문제를 협의하는 일이었다.

1920년대 중반 이후 만주 지역의 한인 사회는 정의부, 참의부, 신민부가 각기 세력권을 이루면서 한인 사회의 자치와 독립운동을 전개하고 있었다. 압록강 연안에서는 1924년에 집안현을 중심으로 대한민국 임시정부의 육군 주만 참의부(陸軍駐滿參議府)가 조직되었다. 흔히 참의부로 지칭된다. 참의부 성립후 1925년에는 하얼빈과 액목현을 경계로 그 이남의 만주지방 교포사회를 통치구역으로 삼은 정의부(正義府)가 결성되었다. 또 북만주 일대에서는 소련에서 되돌아온 독립군을 중심으로 1925년에 신민부(新民府)가 조직되었다. 이에 만주의 독립군 조직은 참의부, 정의부, 신민부의 3부로 재편성되었는데, 이것들은 일본의 세력이 강하게 미친 북간도지방을 제외한 전체 만주지방의 교포사회를 3분하여 통치한 사실상의 정부들이었다. 이들은 각기 그 곳 동포들의 자치 행정을 맡아 보는 민주적 민정 기관을 두고 입헌 정치 조직까지 갖추었으며, 독립군의 훈련과 작전을 맡는 군정 기관도 설치하였다.

안창호는 기차로 상해를 출발하였다. 북경을 경유, 만주 각지를 돌아다니다가 1927년 봄 길림을 방문하였다. 길림의 교포 사회는 전례 없는 환영으로 들끓었다. 독립운동의 지도자 안창호가 북경을 거쳐 길림에 도착하였던 것이다. 길림의 교포들은 '거국가'(去國歌)를 부르며 안창호를 성대히 영접하였다. 거국가란 안창호가 외국으로 망명할 때 조국을 하직하면서 지은 노래였다. "간다간다 나는 간다 너를 두고 나는 간다"라는 구절로 시작 되어 "나 간다고 설워말아 나의 사랑 한반도야"라는 구절로 끝나는 이 거국가는 1910년 한일 강제합병후 청년학생들 속에서 특별히 애창된 노래였다.

서울의 「동아일보」, 「조선일보」는 안창호의 길림 도착 소식을 대서특필하였다. 청년학생들은 그가 머무르고 있는 삼풍여관에 찾아가서 강연을 해줄 것을 간청하였다. 독립운동가들도 마찬가지였다. 독립운동가들은 아무 날 어디에서 안창호의 시국강연을 한다는 소문을 돌리고 길림시내의 상부가, 차루가, 통천가, 하남가, 북대가, 우마항가를 비롯한 시내 여러 거리들에 광고도 큼직큼직하게 써 붙였다.

안창호는 길림시 동쪽 조양문 밖에 있는 대동공창에서 의사 나석주의 추도회를 열고 겸하여 강연도 하였다. 황해도 재령 출신의 나석주는 1913년 중국군 장교로 복무하다 1926년 의열단에 가입한 인물이었다. 1926년 12월 28일 서울에 있는 조선식산은행과 동양척식회사에 잇달아 폭탄을 던졌다. 폭탄은 불발이 되고 나석주는 도주하다가 자결했다. 추도회에 참가하려고 각지에서 찾아온 정의부, 신민부, 참의부의 대표들과 시내에서 활동하는 독립운동자들, 유지들, 청년학생들은 거의 다 강연회장에 모였다. 바닥자리가 다 차고 모자랄 정도로 많은 사람들이 모여들었다. 그날 안창호는 '조선민족운동의 장래'라는 제목으로 강연을 하였다.

민족운동의 일부 지도자들은 3.1운동 후 일본 제국주의 식민지 통치를 무력항쟁으로 대응하기 보다는 우리 국민의 정신적 자질과 경제생활의 수준을 향상시키기 위한 실력양성 운동을 벌였다. 그들은 토산품 애용과 민족기업의 육성으로 우리 민족을 경제적 파멸로부터 구출하려고 하였다. 그것이 물산 장려 운동이었다. 이 운동의 지도자인 조만식은 이런 정신에서 한평생 무명으로 지은 바지저고리와 두루마기를 입고 지냈다. 안창호는 강연에서 무력투쟁보다는 실력양성을 강조했을 것이다.

그때 뜻밖의 일이 벌어졌다. 길림 독군서에서 동원한 수백 명의 헌병과 경찰이 강연회장에 들이 닥쳐 300여명이나 되는 사람들을 체포했다. 안창호는 물론, 현익철, 김이대, 이관린(여성)을 비롯한 많은 독립운동가들이 한꺼번에 경찰청에 구금당했다. 이 사건을 조종한 것은 조선총독부 경무국이었다. 조선총독부 경무국은 일제 강점기 조선에서의 치안 관련 사무를 관장하기 위해 1919년 8월 20일에 설치된 조선총독부 밑의 행정 조직이었다.

이 대강연회에 정의부 중앙간부, 각 운동단체의 간부, 지방유지 등 500여 명의 청중들이 참가하였다. 당시 정의부는 하얼빈 이남의 광활한 남만주 지역을 무대로 독립운동을 활발히 전개하고 있었다. 그 중에서도 길림은 정의부 계통의 독립 운동가들의 본거지였고 참의부나 신민부의 거두들도 머물고 있었다. 강연회를 탐지한 일제는 평안북도 경찰서에 명령하여 수십 명의 경관을 길림으로 출동시키는 한편 길림 독군 장작림에게 공문을 보내며 정치범 체포, 인도를 강력히 요구하였다. 이 때만 해도 장작림은 일본을 반대해 투쟁하는 독립운동가들에게 호의를 가지고 대하고 있었다.

장작림이 이를 거절하자 일제 관헌은 봉천에 와서 중국 헌병사령관 양우정(楊宇庭)에게 교섭, 조선 공산주의자 수백 명이 길림에서 불법집회를 하고 있으니 이를 체포해 달라고 요청하였다. 이 말을 믿은 양우정은 길림 독군서에 헌병을 파견, 체포하라는 공문을 전달했다. 결국 길림 독군서는 한인 가택을 수색하는 동시에 대동공창을 습격하여 안창호 등 300여 명을 감금하였다. 이것이 1927년 2월 길림에서 안창호를 비롯한 독립운동가 수백 명이 중국 군경에게 붙잡힌 길림 대검거 사건이었다. 이들 중 48명을 길림독군서에 구속했다. 여기에는 안창호를 비롯해 김동삼, 오동진, 고할신, 이철, 김이대 등이 포함되어 있었다. 1919년 만주로 망명하여 정의부에서 활약하던 남자현도 그 자리에 있었으나 여성이라는 점 때문인지 구속에서 제외됐다. 당시 「동아일보」(1927년 2월 23일)는 길림당국이 군경을 출동시켜 백여 명은 강연회장을 포위하고, 백여 명은 각처에서 주택을 수색했다면서 도산 안창호와 그의 강연회 참가자 체포사건을 다음과 같이 보도했다.

> "이제 체포되었던 전후사실의 개강을 듣건대 지난 2월 24일 저녁 만주 길림성 대동문 밖 대동공사 안에서 재류동포단체 길성○○회(吉城 ○○會)주최로 큰 강연회가 개최되어 연사 안창호씨가 등단하여 강연할 때에 140여명의 중국 순경과 헌병이 당내 당외를 포위하고 부인과 15세 이하의 아동들은 집으로 돌아가지 못하게 다른 장소로 잠시 감금하고 연사 안창호씨 이하 남자 130여명만 포박하여 길림경찰서에 검속하고 동시에 일백수십 명의 순경대는 재류동포들의 주택을 일제히 수색하여 서류를 압수하고 다시 40여명을 체포하여 전후 두 차례에 200명을 검속하였더라."

경찰에서는 이들을 취조하여 대부분을 석방하고 그중 중요인사 48명을 감금하였다. 이 사건이 상해에 전해지자 흥사단은 물론 임시정부를 위시한 각 단체에서는 북경 정부와 길림 당국에 석방을 요청하였다. 이 때 액목현에 있던 손정도는 소식을 듣고 달려 와 길림성 교섭국 통역관으로 있던 오인화와 함께 길림성 당국자는 물론 군벌 장작림의 장남으로 북경에 있던 장학량에게까지 가서 석방을 교섭하였다. 이 사실이 중국 신문에 보도되자, 중국의 각 단체와 학생들도 외국의 혁명가를 부당하게 검거하고 이들을 타국에 인도한다는 것은 중국의 수치라고 중국정부를 비난했다. 결국 장작림은 여론에 밀려 구속자 전원을 석방해야 했다.

이 사건이 전개된 배경에는 1925년 중국과 일본 간에 한국 독립운동자 체포와 인도에 관하여 합의한 이른바 미쓰야 협약(三矢協約)에 그 근거를 두고 있었다. 중국 동북지방을 통치하고 있던 장작림 군벌은 미쯔야 협약으로 일본과 손을 잡고 조선의 공산주의자들과 반일독립운동자들을 가혹하게 탄압하고 있었다. 이 협약은 만주지방에서 조선민족해방투쟁의 근원을 없애기 위한 악질적인 것이었다. 이 협약에 의하여 조선인 애국자들을 체포하는 자들에게는 상금까지 주었다. 중국의 일부 관헌들은 상금을 타먹으려고 허위 밀고까지 하였다. 대동공창에서 벌어진 집단적인 검거소동도 역시 장작림 군벌이 일제의 사 주를 받아서 감행한 행위였다.

안창호가 길림을 방문한 또 하나의 목적은 만주에 이상촌을 건설하려는 것이었다.[54] 안창호가 설계한 이상촌의 모습은, 산과 강이 있고 땅이 비옥한 지점에 200호 정도의 집단촌락을 설치하고 공회당(교회), 여관, 학교, 목욕탕, 운동장, 우체국, 협동조합을 두는 것이었다. 이러한 자급자족할 수 있는 농촌 공동체를 설치하여 이것을 해외 독립운동 기지로 삼으려는 취지였다. 이는 1911년 12월 25일 손정도가 북경에서 안창호에게 보낸 편지에서 이미 밝힌 바 손정도의 계획이기도 했다. 안창호는 이상촌을 실현하는데 필요한 재원을 마련하기 위해 1916년부터 흥사단을 통해 자금을 모았고, 손정도는 자신이 목회하고 있던 액목현에 이같은 이상촌을 건설할 계획을 수립했던 것이다. 그리하여 안창호의 길림 방문을 계기로 4월 1일 주식회사 형태의 농민호조사(農民互助社)가 설립되었다. 호조란 서로 돕는다는 말이었다.

5. 한인을 위한 농촌사업-농민호조사

1920대 이후 재만 한인들의 대다수가 소작농 혹은 반소작농이었다. 1921년의 경우 길림성의 길림, 화전, 반석, 목릉, 돈화, 몽강, 서란, 쌍양

54) 안창호의 이상촌 건설 및 길림방문에 관해서는 장세윤,『중국동북지역 민족운동과 한국현대사』(명지사, 2005), 제1부 제2장 "1920년대 이상촌 건설운동과 안창호" 참조.

등 8개 현에 살고 있는 이주 한인들이 경작한 면적 중에서 그 중 76%가 소작지였다. 1920년대 중반부터는 만주로 이주해오는 이들은 대부분 순수한 농업 이민이었다. 이들은 농지를 구입할 재력을 가진 자가 없었으므로 지주에게 일정한 사용료를 지급하며 농지를 빌려 농사짓는 소작농에 종사할 수밖에 없었다.

1929년 길림성내, 부여, 농안, 액목, 돈화, 몽강, 영안 등 14개현에 거주하는 한인들 중 자기 소유의 땅에 직접 농사 짓는 자작농은 한 호도 없었다. 한인농가의 경제상황은 무엇보다도 소작료의 증가에 의해 악화되고 있었다. 소작료가 매년 증가해서 1925년 이후에는 수확량의 50%를 상회하기 시작했다.[55] 한인농민들은 땅을 빌리는 비용, 영농에 필요한 자금, 생활비도 중국인 고리대금업자에게 의존해야 하는 실정이었다. 게다가 비료와 일용품을 지주나 혹은 지주와 관계있는 점포에서 사서 쓰고 수확한 후에 비싼 값으로 지불해야 하는 불이익을 당하고 있었다. 이런 여건에서 농사를 지어야 했다. 그러니 한인농민들은 만주에서도 자신들의 경제적 처지를 향상시킬 수 없었다.

이 시기 농민들의 어려운 생활은 국내에서도 마찬가지였다. 농민들의 경제적 곤경을 해결하기 위한 사업이 와이엠시에이(YMCA)의 농촌사업이었다. 와이엠시에이는 한국 종교계에서 가장 먼저 대규모의 농촌사업에 뛰어든 단체였다. 와이엠시에이전국연합회(기독교청년회전국연합회) 신흥우 총무는 1923년 겨울 서울 근교에서 3개월간 농민들과 같이 자고 먹고 살면서 농촌 사정을 자세히 조사했다. 이 조사를 마치고 돌아와 신흥우는 이를 이사회에 보고하였다. 농촌 기초 조사를 마친 후 1924년 신흥우는 미국에 가서 북미와이엠시에이 국제위원회 총무 모트(John Mott) 등 5인을 만났다. 이 회담에서 전국에다 10개 지역을 선

55) 황민호, "1920년대 후반 재만한인에 대한 중국당국의 정책과 한인사회의 대응", 「한국사연구」(1995년 9월), 224.

정하여 북미에서 파송한 전문 간사를 배치하고, 전문 간사는 1925년부터 시작하여 1년에 2명씩 5년간 10명을 파송하며, 전문 간사들은 와이엠시에이 정신과 목적에 투철한 농촌문제 전문가라야 하며, 와이엠시에이연합회는 10명의 외국인 전문 간사와 함께 일할 수 있는 한국인 간사 10명을 두고, 각 지역에는 회의도 할 수 있고 교육도 할 수 있는 시설을 구비하며, 농사 개량과 농작물 증산을 시범할 수 있는 최소한도의 농토를 마련해야 한다는 데 합의하였다. 와이엠시에이연합회는 기구개편을 단행하고 1925년 11월에는 연합회 내에 농촌부와 도시부를 신설하고 각 위원회에 5인씩의 위원을 선임했다. 그 결과로 평양과 원산 와이엠시에이를 제외한 서울, 선천, 함흥, 대구, 광주, 신의주 등 6개 도시 와이엠시에이가 일제히 농촌운동을 시작했으며 숭실전문학교(평양), 영명학교(공주), 영생학교(함흥) 등 학생 와이엠시에이에서도 농촌운동을 시작하게 되었다. 당시 와이엠시에이의 농촌사업은 언론에 크게 보도되었다. 「동아일보」는 신흥우 총무의 말을 빌려 이렇게 보도하였다. "금년부터는 사업의 입장을 바꾸어 도시를 버리고 전체의 8할 이상이나 되는 농촌의 개발을 표준하고 일을 하려 합니다. 그리고 우리가 지금 경제적으로 파멸을 당하고 있지마는 정신상으로는 점점 결심하자는 것이 보이므로 장래 많은 희망을 붙이고 기뻐합니다."[56)]

와이엠시에이전국연합회는 1925년 1월부터 농촌사업을 시작, 2월에는 농촌부를 신설하였다. 농촌의 계발은 와이엠시에이로서는 민족자주운동에 이어 새로운 형태의 민족생존 사업이었다. 와이엠시에이는 1925년부터 1932년까지 미국과 캐나다 와이엠시에이로 구성된 북미와이엠시에이 국제문제위원회가 파송한 5명의 농촌 전문가들 그리고 홍병선(와이엠시에이연합회 농촌부 간사), 이순기(함흥 와이엠시에이 총무), 계병호(선천 와이엠시

---

56) 신흥우, "농촌계발에 진력," 『동아일보』, 1925년 1월 1일.

에이 총무), 최영균(광주 와이엠시에이) 등과 함께 농촌사업을 벌였다.[57]

미국에서 주창되고 있던 사회복음(Social Gospel)은 와이엠시에이의 농촌사업을 정당화시켜 주었다. 사회복음은 사회개혁에 관심을 가진 기독교운동으로 미국에서 일어났으며 주로 노동자의 처우 개선에 관심을 기울인 신학이었다. 월터 라우센부쉬는 사회복음을 주도적으로 이끌었으며, 누구보다도 신학적으로 대응하였다. 한국에서는 라우센부쉬의 책 *Social Principle of Jesus*가 『야소의 사회훈』(1930)으로 번역되어 조선야소교서회(조선예수교서회)에서 간행되었다. 그는 20세기 전후 산업사회의 악에 대항한 새 시대의 목소리였다. 그에게는 사회적이고 경제적인 변혁이 이 땅에 오고 있는 하나님 나라의 모습이었다.

와이엠시에이의 농촌사업은 농민교육 및 농촌계몽운동(1925-1928)에서 시작하여, 협동조합 및 농사개량운동(1928-1932), 농촌지도자 양성(1932-1937)으로 이어졌다. 와이엠시에이는 1929년 당시 19개의 농민학교, 22개의 협동조합, 82개의 농민회를 설립하고 227개의 촌락에서 10,507명의 야학생을 교육하고 있었다. 이 사업으로 와이엠시에이는 종래의 상류층 청년 중심, 도시 중심의 운동에서 농촌에도 운동의 기반을 마련할 수 있었다. 농민들이 절대빈곤에 빠져있는 상황에서 "한국와이엠시에이는 이러한 절망적인 시기에 부름 받고 있었다."[58]

이 시기 와이엠시에이를 비롯한 한국교회의 농촌사업은 기독교를 자본주의의 앞잡이로 공격하고 있던 사회주의 세력에 대한 반응이기도 했다. 사회주의자들은 1923년부터 반기독교운동을 전개하고, 기독교를 제국주의의 수족이며 자본주의의 주구로 비난하였다. 이에 대한 와이엠시에이의 대응은 기관지「청년」을 통해 나타났다. 북경대학에서 공

57) 한규무, 『일제하 한국기독교 농촌운동 1925-1937』(한국기독교역사연구소, 1997), 62-63.

58) D. Willard Lyon's Notes of a Conference on YMCA Rural Work in Korea, 1926. 전택부, 『한국기독교청년회운동사 1899년-1945년』, 186-187에서 재인용.

부한 와이엠시에이연합회 학생부 간사 이대위는 기독교와 사회주의의 관계에 대한 글을 썼다. 총무 신흥우는 무산계급의 앞 운명을 개척하는 교회가 될 것을 촉구하면서 시대적 과제로서의 농촌사업에 나섰다.

농촌사업이 세계교회에서 가장 먼저 논의된 것은 1910년 에딘버러에서 열린 세계선교사대회(World Missionary Conference)에서였다. 그후 1921년에 국제선교협의회(International Missionary Council)가 조직되고, 국제선교협의회는 예루살렘대회에서 농촌문제를 주요 이슈로 다루었다. 예루살렘대회는 1928년 3월 24일부터 4월 8일까지 동예루살렘 올리브산의 아우구스타 빅토리아 콤파운드에서 51개국 대표 231명이 참석해 개최된 선교대회였다. 올리브 산은 여러 개의 봉우리로 이루어진 석회암 산인데, 예수가 생애의 마지막 주 첫날 예루살렘으로 들어갈 때 거쳐 간 길목으로, 예루살렘의 묵시적 멸망을 예언한 곳이기도 하다. 아우구스타 빅토리아 콤파운드는 해발 806m의 가운데 봉우리 정상부에 세워진 건물로 1914년에 완공된 예수승천교회와 병원이 있는 건물이었다. 대회 장소는 한동안 영국이 점령했다가 대회전에 독일교회에게 되돌려진 곳이었다. 그 곳에 대표자들의 숙소로 세 개의 임시축조 막사와 천막촌이 건립되었다. 동예루살렘 올리브산에 오르면 지금도 아우구스타 빅토리아 병원과 예수승천교회가 함께 있는데, 바로 이곳에서 1928년 역사적인 국제선교협의회가 열렸다.

김활란은 국제선교협의회에 참가하고 틈틈이 기독의 유적을 찾아보았다. 그가 본 예루살렘의 풍경은 실망스러운 것이었다.

> "먼저 감람산을 올라가보았다. 역시 보잘 것 없는 산이다. 양귀비꽃들이 많고 아카시아와 감람나무들이 있다. 멀리 요단강을 바라보았다. 예수의 세례 받은 곳이라 퍽 시적 정취가 많은 곳인 듯하나 실상은 쓸쓸한 작은 하천에 불과하다."[59)]

김활란은 게세마네 동산에서 감격스런 기도를 하였다. 거기서 예수 생전에 심었다는 감람나무 한 그루도 보았다. 한국교회에서는 원래 10명의 대표를 보내기로 했으나 여비 문제로 와이엠시에이의 신흥우, 와이더블류시에이(YWCA)의 김활란, 감리교의 양주삼과 장로교의 정인과 그리고 감리교 선교사 노블(William A. Noble)과 장로교 선교사 마펫(Samuel H. Moffett)이 참가했다. 마펫은 자비로 참가하였다. 이들은 1924년 9월 24일 새문안교회에서 결성된 조선예수교연합공의회 대표들이었다. 오늘의 한국기독교교회협의회의 모체라 할 수 있는 단체였다.

예루살렘대회는 기독교와 타종교 문제, 농촌 문제(농촌선교, 농촌교육, 농촌위생, 농촌경제) 등을 토론했다. 대회 장소 동예루살렘은 3천여 년의 역사를 가진 고도였고, 유대교, 기독교, 이슬람교의 성지였다. 당시에 제기되고 있던 기독교와 다른 종교들과의 관계를 논의할 모임의 장소로는 가장 접합한 곳이었다. 한국대표들에게 관심을 불러일으킨 것은 농촌문제였다. 농촌사회를 다루는 논의에서는 이미 농촌사업을 경험한 신흥우의 역할이 컸다. 이 대회에서 미국 컬럼비아대 사회학자 브룬너(E.S. Brunner)는 미리 한국에 와서 농촌상황을 조사해 작성한 보고서 "농촌 한국"(Rural Korea)를 제출하였다. 이 보고서는 1926년 북미와이엠시에이 국제위원회로부터 파송된 브룬너가 하바드대학 사회학과에서 공부한 하경덕과 함께 1년간 조사한 것이었다. 브룬너의 조사에 의하면 1915에서 1926년까지 농민의 총수가 4.7% 증가한 반면 소작인의 비율은 25%나 급증했다. 전체적으로 소작인의 비율은 36%에서 43.8%로 증가했다. 이 상황에서 브른너는 교회가 농촌과 경제문제에 참여해야 할 것과 선교사가 농촌계몽 활동에 앞장설 것을 제안하였다. 이를 위해서는 교회가 농촌을 섬겨야 한다는 의무감을 가져야 하며, 한 선교부에

59) 김활란, "인도양을 넘어 예루살넴으로: 기행", 「신인문학」. 1934년 10월. 96.

최소한 한 사람의 농업 선교사를 임명하고, 조선연합공의회 내에 농촌 협동과 지주 소작인의 협의를 위한 비상위원회를 설치할 것을 주장하였다. 한국교회의 농촌운동은 예루살렘대회 이후에 더 활발하게 전개되었다. 와이엠시에이는 1929년 와이더블유시에이, 장로교회, 감리교회, 조선예수교연합공의회와 공동으로 더욱 효율적인 농촌사업을 하기 위해 농촌사업협동위원회를 조직하였다. 와이엠시에이가 한국교회연합운동에 끼친 공헌의 차원에서도 이 위원회의 구성과 사업은 지대한 의미를 가지는 것이었다.[60)]

손정도는 길림에서 와이엠시에이와 감리교 장로교를 중심으로 활발히 전개되고 있던 농촌사업 소식을 듣고 있었다. 손정도는 1920년대 고국 교회들의 농촌운동에 새로운 희망을 걸고 있었다.

> "금일은 조선에 농촌문제는 조선인의 사활문제이다. 조선의 기독교와 기독교청년회가 농촌운동에 촉구됨은 다행이다. 지금 조선 내에 남녀 기독교청년회연합회와 그 가맹한 각 시 청년회와 학생 청년회는 협력하야 농촌운동 즉 농촌계발에 정당하고 견고한 활동을 하고 있습니다. 이 운동은 국내에서 비교적 실질로 되겠고 조직이 전국적으로 되겠고 앞으로 3년 후면 국내에는 가장 유력한 사회기관이 될 것이외다. . . . 내가 듣기로는 남녀신학교까지 농촌운동에 대한 훈련을 합니다. 따라 금주 단연까지 겸하야 하고 세계에 제1농업국인 정말을 교회적으로 2차나 시찰하였습니다." [61)]

이런 농촌사업은 손정도와 안창호가 오랫동안 구상해 온 사업이었다. 안창호는 농민호조사 사업에 참여하기 이전부터 만주 각지의 한인

---

60) 민경배, 『서울YMCA운동 100년사』(서울YMCA, 2004), 276.
61) "協力과 活動", 손정도 수첩.

독립운동 단체와 연결하여 민족단결을 꾀하고 한인들을 기반으로 하는 농촌개발 사업도 계획하였다. 안창호가 기지 건설지로 가장 유력시한 지역은 양자강 연안의 진강과 길림 지역이었다. 안창호는 홍사단에서 모금한 3, 000여원의 자금을 들여 진강 부근의 중국인 소유 토지를 사들였으며 이곳에 한인들을 이주시켜 모범촌을 건설하여 벼농사를 짓고자 하였다. 안창호는 1926년 1월에는 길림성 액목현 교하 부근의 수전(무논)을 매수하기 위하여 단원 이탁에게 답사를 하게 하였고, 단원 유기석과 함께 동경성과 경박호 연안을 다니면서 그 지역의 토질과 기후, 수질 등을 조사하였다. 손정도 역시 홍사단 단원으로서 경박호 일대에서 땅을 사서 농업공사를 경영하기도 하였다.

미국에서 돌아온 안창호는 1927년 2월 만주 각지를 순회하면서 한인 농민들이 매우 비참한 생활을 하고 있음을 보았다. 손정도와 안창호 뿐 아니라 해외에 있는 교포들도 깊은 관심을 갖고 한인 농민들이 매우 비참한 생활을 하고 있음을 보았다. 그런데 이들이 항일 독립운동의 인적·물적 기반이었으므로 안정된 독립운동 기반을 확보한다는 차원에서 이들의 생활을 향상시키기 위한 단체 설립을 추진하였다. 그것이 1927년 4월 1일 만주 길림에서 조직되었던 농민 단체, 농민호조사(農民互助社)였다. 상해 일본영사관이 펴낸『조선민족운동연감』(1946)은 농민호조사의 통신처로 길림성 대동문외 대동공사 내 최일"로 소개하고 농민호조사의 핵심 사업을 다음과 같이 소개했다.

> "1. 취지의 대요. 만주지방으로 이주한 조선민중의 생활은 실로 참혹하다. 이를 구조하여 생활을 안정시키기 위해서는 (1) 산업상 생산의 증가를 꾀하고 (2) 교육의 발전을 도모하고 (3) 위생과 보건을 수호하는 일로서 이것은 단독으로는 실현 불가능하므로 단체적으로 협동해야 한다."

손정도 역시 안창호 및 재만 독립운동 지도자들과 함께 농민호조사 설립에 참여, 발기문과 규약을 인쇄하여 만주와 국내에 배포하였다. 농민호조사 설립 발기문은 만주로 건너간 우리 동포들의 비참한 현실을 알리는 것으로 시작했다. 경제적인 궁핍 때문에 만주에 왔지만 "관내로부터 중국빈민의 이주가 해마다 여러 십만 명으로 증가되며 중국 사람의 산업이 해마다 발달되며 일인의 경제상 세력이 해마다 확대되는 이때에 우리 동포는 산업에 아무 기초가 서진 것이 업고 다만 죽을 힘을 다하여 남의 묵은 땅을 내어주고는 쫓기여 다른 곳으로 가서 또 다른 황지를 내어주고는 또다시 다른 황지로 쫓기어" 가는 비참한 현실을 극복할 수 있는 구체적이고 현실적인 대안으로 주식회사 형태로 농업공사를 조직한 것이다. 발기문은 계속해서 "가난한 농민으로서 남을 의뢰하지 아니하고 자조의 정신과 자조의 능력으로 스스로 구제할 수" 있는 길, "스스로 구제할 유일의 방법은 가난한 농민이 농민끼리 단결하야 협동 호조(互助)하는 것" 밖에 없음을 강조하였다. 다음은 농민호조사 조직의 필요성을 언급하는 발기문의 앞부분이다.

농민호조사 발기문

"경제핍박이 극도에 달하여 생명을 지지할 수 없으므로 달리 살길을 찾으려고 고국의 정다운 인리(隣里) 친척과 아름다운 산천을 이별하고 산도 설고 물도 선 이 만주 뜰에 건너온 우리 동포들의 살아가는 현상이 어떠한가? 또한 그 장래가 어떠할까? 우리 동포의 현재를 살피고 장래를 헤아리매 슬프고 두려운 느낌을 금할 수 없도다. 여러 십년을 두고 여기 건너와 사는 우리 동포의 수가 여러 십만에 달하였지만 자기의 땅과 자기의 집을 가지고 상당하게 먹으며 상당하게 입고 자녀들 교양하고 사회에 봉공하면서 사람의 사람답게 사는 이가 혹 있다 하나 얼마 되지 못하고 많은 수효는 자기의 땅과 자기의 집이 없이 남의 땅에 소작하여 농노의 생활로 더운 날에 붉은 땀을 흘리며 추운 때에 손발이 얼어빠져 가면서 작농은 하였으되 항상 먹을 것과 입을 것이 부족하고 따라서 작농할 자본이 부족하므로 고리대금을 항상 쓰게 되니 농노의 멍에를 벗지 못하는 동시에 채노(債奴)의 멍에를 거듭 메고 그 멍에를 벗어나기 곤란한지라 자녀가 있으되 교육을 할 길이 없고 가족 중에 질고가 있더라도 치료할 수가 없고 일생에 세 얻어가지고 거주하는 집으로 말하면 집다운 집이 아니고 움막 같은 집에 연기는 항상 자욱하고 수척 되는 좁은 통간에 5~6식구 혹 7~8식구가 모여 살므로 다리를 편히 펴고 잘 데가 쉽지 못하며 이렇게 사는 것이나마 한 곳에서 수년 이상을 계속하여 살지 못하고 해마다 남부여대하고 옮아 다니면서 살게 되니 생활이 안정할 때가 도무지 없는지라. 이와 같이 사는 경우에 예의염치를 찾을 겨를이 없으니 아름다운 풍화(風化)가 향상하기는 고사하고 도리어 풍화가 소란하여 사회의 환경이 암흑하여지므로 물질의 고통을 받는 동시에 사회환경으로 인하여 서로 서로의 심리고통이 더욱 많고 또는 남의 땅에 객으로 와 있는 동시에 생활상태가 이러하고 보니 토인(土人)들의 무리한 능욕과 학대를 항상 받게 되어 고통에 고통을 더하게 되는 지라. 아! 이 세상에 불쌍한 사람들이 많다 하지만은 이 만주에 와 사는 우리 동포와 같이 불쌍한 사람이 어디 있으리요! 그런데 오늘 본국 안에 있는 동포들 중에서 이만큼의 생활도 누릴 수가 없으므로 흰옷을 입고 부로휴유(扶老携幼)하여 이곳으로 건너오는 동포가 달마다 백으로 천으로 되는 지라. 행여 살 길이 있을까 하고 건너왔지만은 갈 바를 모르고 유리방황하는 그 정상을 볼 때에 뜨거운 눈물을 금할 수 없도다. 이것을 직접 당하는 이에 쓰리고 아픈 느낌이 있을 것은 물론이거니와 이것을 방관하는 이라도 슬픈 동정이 없지 못할 것이로다. 그런데 만일 아무 변통이 없이 동포의 생활이 이 현상대로 그냥 간다하면 관내로부터 중국빈민의 이주가 해마다 여러 십만 명으로 증가되며 중국 사람의 산업이 해마다 발달되며 일인의 경제상세력이 해마다 확대되는 이때에 우리 동포는 산업에 아무 기초가 선 것이 없고 다만 죽을힘을 다하여 남의 묵은 땅을 일구어주고는 쫓기어 다른 곳으로 가서 또 다른 황지(荒地)를 일구어 주고는 또 다시 다른 황지로 쫓기어 가니 장차는 사람이 살기에 적합지 못한 변방에 밀리어 가서 자녀의 교육은 고사하고 얼고 주리어 사망하는 화를 면치 못할 터이니 현재도 현재려니와 장래를 생각하면 더욱 두려움을 느끼지 않을 수 없도다. 그런즉 오늘에 처하여 현재의 비참한 것을 건지고 미래의 위험을 예방할 변법(辯法)을 강구치 않을 수 없습니다. 만주에 온 우리 동포의 당장 살아가는 것을 위함으로 든지 ○○○○○○○○○○○○○○○○○○○○○○○○○○○○○○○○○ 뜻있는 자는 응당 만주에 재류(在留)하는 동포를 구제하기 위하여 같이 노력을 할 줄 믿습니다. 이제 구제할 변법을 말하면 혹 유지(有志)한 자본가들이 자선의 마음으로 구제할까 하는 이가 있을는지 모르거니와 이것은 크게 어리석은 것이라. 그러한 자본가가 있기도 어렵거니와 가령 있다하더라도 남을 의뢰하여 사는 삶은 떳떳한 삶이 아닐뿐더러 위험한 삶이라 남의 도움을 바랄 바 아니오 자조(自助)의 정신과 자조의 능력으로 스스로 살 길을 열어야 떳떳한 삶이요 원만한 삶이라하겠습니다. 혹은 오늘날 이 비참한 생활은 오직 사회제도의 불공평한데 기인한 것이니 현 생활의 구제법은 이 사회제도를 근본적으로 개혁함에 있다하겠습니다. 옳습니다. 언제든지 이 사회제도를 합리적으로 개혁한 후에야 인류의 균등한 행복이 있을 것이외다. 그러나 근본적 변화가 될 날은 아직 멀었고 되기 전에 오늘에 있어서 당장 살아갈 변법을 세우지 아니할 수 없습니다. 그런즉 어떻게 하여야 이제 가난한 농민으로서 남을 의뢰하지 아니하고 자조의 정신과 자조의 능력으로 스스로 구제할 수 있으리오. 스스로 구제할 유일의 방법은 가난한 농민끼리 단결하여 협동호조하는 것입니다. 대저 만주에 재류하는 우리 농민들의 생활이 안정하며 향상하려면 일은 사업상 생산이 증가하여야 하겠고 이는 교육이 발전되어야하겠고 삼은 풍화가 향상하여야겠고 사는 보위(保衛)가 안전하여야 할지라. 산업, 교육, 풍화, 보위 등을 누구든지 단독으로는 발전하거나 향상하거나 안전케 하기 불능하고 반드시 협동한 후에야 가능할 것이 명확할 것이로다. 첫째 산업상 생산 증가로 말하더라도 옛날에 노력으로서 생산의 자본을 삼던 시대는 지나간 지 오래였고 금전으로서 생산의 자본을 삼는 이 시대에 처하여 무산 농민으로서 금전이 있는 자본가들을 저항하고 스스로 생산하기가 불능할지니 불가불 빈자끼리 협동호조하는 것으로 생산의 자본력을 만들어야 하겠습니다. 이것을 미루어 교육, 풍화, 보위 등을 다 혼자 혼자 따로 실행할 수 없고 불가불 협동호조하여야 성공할 것입니다. 우리는 이와 같이 협동호조하는 것이 유일의 활로로 알고 이것을 실현케 하기 위하여 농민호조사를 발기합니다."[62]

이어서 발기문은 농민들의 단결을 구체적으로 농촌의 생산 협동, 교육 협동, 풍교 향상, 보위 안전으로 제시하였다. 풍교란 교육이나 정치를 잘하여 세상의 풍습을 교화시키는 일이요 보위 안전은 표면상으로는 마적과 도둑들로부터 마을을 지키기 위한 방비체제를 의미하였다. 농민호조사는 만주에 유리 방황하는 동포들의 경제적, 사회적 문제를 생산과 유통, 교육과 문화, 보안 분야에서 근본적으로 해결하기 위한 것이었다.

농민호조사 사업에는 정의부의 핵심 간부들인 김이대, 김동삼, 이탁,

62) "농민호조사 발기문", 「기독신보」, 1927년 6월 8일.

오동진, 현정경 등과 손정도, 안창호가 가담하였다. 재만 독립운동 지도자들과 힘을 모아 추진한 사업이었는데, 이 사업을 정의부가 총체적이고 전면적으로 추진한 것으로 보는 연구자가 있는가 하면, 손정도나 안창호를 농민호조사의 설립을 주도한 인물로 보는 연구자도 있다.[63)]

이명화의 연구에 의하면, 안창호는 1927년 4월 1일 길림에서 농업공사 조직운동의 일환으로 농민호조사를 조직하였다. 당시 만주의 한인들은 경제적으로 비참한 지경에 빠진 이들이 많아 독립운동을 전개할 여력이 없었다. 이러한 상황에서 도산은 만주 지역의 독립운동단체의 주요 간부들과 협의 끝에 농업공사를 발기하여 주주를 모집하고 이들의 주식자금을 투자하여 영농한다는 계획을 세웠다. 농민호조사는 최명식의 정미소인 대동공사를 통신처로 하여 조직되었다. 각 사원의 출자금과 저축금을 기금으로 토지를 매수하고 새 농촌을 건설하여 출자액에 준하여 땅을 분배하여 농업경영을 하도록 한 것이다. 즉 150원 이상을 출자하여 토지를 매수하고 출자액에 따라 분매하며 150원 이상을 출자할 수 없는 사원은 토지매수 저축금으로 5년간 매년 30원씩 출자케 하였다. 저축금을 합하여 토지매수가 가능할 때는 토지를 우선 매수하게 하였다. 그리고 30원 이상 저축하기 불가능한 사원은 농민호조사에서 토지 조차를 주선하도록 하였다. 이렇게 한인 농민들의 경제적 기초를 배양하여 민족의 안정을 기하고 독립운동의 기반을 다져 이를 중심으로 군사 훈련, 교육 등의 민족운동을 전개하고자 하였던 것이다. 농민호조사 발기인들은 당시 만주지역의 유력 인사들과 흥사단원동임시위원회 단원들이었다.[64)]

---

63) 채영국, "1920년대 중후기 중일합동의 재만한인 탄압과 대응", 「한국독립운동사연구」(1997년 1월) ; 이명화, "흥사단원동임시위원부와 도산 안창호의 민족운동," 「한국독립운동사연구」 제8집(1994년); 이덕주, "통일 이후 한반도 신학 모색-손정도의 기독교 사회주의를 중심으로," 「신학과 세계」(2009년 12월).

64) 이명화, "도산 안창호의 이상촌운동에 관한 연구," 「한국사학보」(2000년 3월), 170.

농민호조사의 발기는, 손정도가 전했듯이 떼지어 다니면서 약탈을 일삼는 토비의 습격과 흉년으로 인한 기아, 중국 관헌들의 한인 방축 등의 시련으로부터 어떻게 한인들을 구제할 수 있느냐 하는 문제로부터 제기되었다. 중국지주에게 착취당하는 한인들에게 토지를 제공하고 영농하게 하여 한인 농민들의 경제적 기초를 배양함으로써 피폐되어 가는 재만 한인사회를 재건하고자 한 것이다.

이로써 안창호와 손정도가 추진했던 이상촌이 세워졌지만, 안창호가 손정도의 농민호조사에 전적으로 참여한 것으로 보이지는 않는다. 안창호는 손정도의 농민호조사 설립 발기인으로 이름을 내고 일정 부분 재정 부담을 한 것으로 보인다. 그러나 1927년 이후에도 북만주와 중국 일대를 돌면서 여전히 이상촌 건설 후보지를 물색하였고 1931년 만주사변으로 만주지역에서 독립운동이 불가능해지자 홍사단 원동임시위원회 명의로 '공평사'(公平社)를 만들어 남경에 토지를 구입한 것을 보면 손정도와 별도로 이상촌 건립운동을 전개한 것으로 보인다.[65]

손정도는 고향 강서에 있던 땅을 처분하여 액목현 경박호 근처에 '3천일경'(三千日耕) 되는 농지를 마련하였다. 불과 2년만에 사원 출자금이 적지 않았다. 우선 첫 번째 집단부락을 건설하고 사원 중 100여호를 들어가 살게 하였다. 지켜보았다. 미주에서 발행되던 「신한민보」(1928년 1월 26일)는 "북만의 농업공사"라는 기사에서 만주 길림에 수십 년 전부터 거류하든 수만호의 조선 사람들은 경작 권리가 없고 경제의 배경이 없어서 중국 사람의 토지를 빌려서 세를 주고 농사를 지어왔는데, "금번 손정도씨 외 수 십명의 발기로 토지 영내와 개간을 목적하고" 농업유한공사를 창립하고 만여 명의 조합원을 모집하였다는 것을 소개하였다. 이 기사에

65) 이덕주의 입장, "이상촌 운동 및 일제보고 문건", 도산안창호선생전집편찬위원회, 『도산안창호전집』 제8권 홍사단원동위원부(도산안창호선생기념사업회, 2000), 883 이하.

의하면, 1927년에는 사업으로 수전 육십일경을 개간하였고 농장 집을 삼십여 간 건축하였다. 이 사업은 만주에 있어서 가장 중요한 사업이었다.

이처럼 손정도는 농민호조사 설립에 적극 참여하여 설립 발기인으로 참여하였을 뿐 아니라 최일, 오인화, 배형식, 성태영, 오상덕 등과 설립 준비위원이 되어 입회금 2원, 연회비 1원에 자본금 1백 50원을 낼 수 있는 조합원을 모집하고 농장 후보지역을 물색하였다. 손정도는 이 때 평양 강서에 있던 가산을 다 팔아 마련한 돈으로 동생 손경도의 명의로 액목현의 경박호 일대에 50향의 땅을 사서 농업공사도 경영하였다.[66] 경박호 일대에는 이상촌을 지향했던 안창호가 탐내던 이상향 건설의 후보지였다. 손정도 목사는 산지사방에 흩어져 헐벗게 살아가는 동포들을 한곳에 정착시켜 농사짓게 하면서 그들에게 반일사상을 선전하고 항일애국자들의 생활을 후원하려 하였다. 그리하여 길림성 액목현 지대의 농지에 우선 100여호를 이주시켰다. 이로써 손정도와 안창호가 꿈꾸던 공동 농장이 세워졌다.

손정도의 이상촌 운동에는 민족적 동기만이 아니라 종교적 동기도 들어 있었다. 손정도가 안창호와 함께 길림에서 농민호조사를 창설할 때 기초한 것으로 보이는 강연초에 그의 입장이 명료하게 드러나고 있다.

> "우리가 시하(時下)를 쫓아 기독의 정신을 발휘하나니 조선 내지나 만주나 기독교적 신농촌이 조직 되여야 하겠고 앞으로는 네게 있는 소유를 다 이 농촌에 드리겠느냐 하는 문답으로 그 이가 교인되고 못됨이 나타나게 될 것이다." [67]

---

66) 김일성, 『세기와 더불어 2』, 9; 다른 자료에 의하면, 액목현(지금의 돈화, 교하)에 3천일경 되는 땅을 샀다. 한일경은 농부 한사람이 하루 동안 일할 수 있는 면적의 땅을 말한다.

67) 손정도 수첩.

손정도는 길림지방 순회 목회와 액목현의 농민호조사 이주 동포들을 돌보면서 바쁜 일정을 보냈다. 그러나 길림 목회와 농민호조사 일이 순조롭게 진행되지 않았다. 독립운동에서 손을 잡아야 했던 공산주의 세력과 민족주의 세력 사이의 갈등과 마찰도 점증하였고 일제의 농민호조사에 대한 방해 공작도 집요해졌다. 일제는 '만주 괴뢰정부' 건설을 목적으로 조선인과 중국인 사이를 이간하며 중국인을 내세워 조선인들의 민족운동을 견제하였다.

결국 1929년에 이르러 길림 상황이 점차 악화되자 손정도는 농민호조사 사업을 정리하기로 하고 가족을 북경으로 옮긴 후 농민호조사 잔무 처리에 몰두하였다. 이 같은 절망적 상황에서 그의 건강마저 날로 악화되었다. 이후 손정도의 생활은 길림지방 순회 목회와 액목현의 농민호조사 이주민들을 돌아보는 것으로 이루어졌다. 이처럼 손정도는 길림에서 농촌운동에 새로운 희망을 걸고 있었다.[68]

한편 농업호조사를 성공리에 결성시킨 안창호는 1927년 4월 15일에 길림 이탁의 집에서 독립운동 대표자들과 대표자회의를 개최했다. 이상촌 운동이 성공할 수 있는 전제는 남북만주의 독립운동 단체들이 하나의 이념과 정책아래 통일되어야 했다. 남북 만주의 통일 단체인 3부의 대표들이 모여서 만주 지역의 유일당 조직을 결성하기 위한 준비 활동으로 가진 제1회 대표자회의로 정의부의 중앙위원인 김동삼, 오동진, 이광민, 김원식, 고활신, 현정경, 이웅 등 12명과 남만청년총동맹측에서 박병희 외 10여명, 한족노동당 김응섭 등이 참가했다. 이 날 회의에서 유일당의 결성, 정책 등을 토의하였다. 이처럼 만주지역의 유일당운동에 계기를 마련해 준 안창호는 계속 이상촌 건설과 농민호조사의 수

---

68) 손정도 목사를 비롯한 1920년대 재만 한인기독교계의 한인문제에 대한 대응에 대해서는 황민호, "1920년대 재만 한인문제에 대한 한인 기독교계의 대응과 그 성격,"『한국독립운동사』 제20집(2003년 8월).

전농업 경영 등의 사업과 연계한 토지를 시찰하기 위해 북만주 일대를 순회했는데, 재만동포들의 비참한 상태를 목도할 뿐이었다.

6. 탄압받는 한인들

중국경찰의 안창호 체포에서 볼 수 있듯이 재만 한인들이 일제와 싸우는 데는 그들만의 노력으로는 어려운 일이었다. 그들이 활동하는 곳은 중국의 땅이었으며 따라서 중국의 이해와 협조가 필요했다. 1910년을 전후해 한국의 민족운동가들이 서간도와 북간도에서 활동하던 시기에는 중국측은 국권회복에 나선 재만 독립군들을 보호하고 지원해 주었다. 그러나 중국측의 이러한 태도는 1920년대 중후반으로 가면서 크게 달라져 한인들을 탄압하였다. 그러한 태도변화는 1920년의 경신참변으로부터 비롯되었다. 일본군의 대규모 간도침입으로 발생한 경신참변으로 수많은 재만 한인들이 생명을 잃고 재산을 빼앗겼다. 일제가 조사한 1920년의 재만한인의 수는 약 46만 명이었다. 이 참변에서 중국인들도 한인들의 피해보다는 적었지만 생명과 재산을 잃게 되었다. 이 일로 중국측은 일제를 적대시하기도 했지만 자신들이 일본군에게 피해를 입게 된 원인이 만주에 근거지를 구축하고 항일 무장투쟁을 전개한 한국의 독립군들에게 있다고 판단하였다.

이와 같은 이유로 중국측은 한국 독립군들을 점차 기피하게 되었다. 일제는 이 상황에서 중국정부로 하여금 한국독립군들을 탄압하도록 압박하였다. 일제의 압박에 굴복한 중국측은 여러 형태의 단속령을 통해 만주에 이주한 한인들의 가옥을 수사하여 총기나 도검 등 무기가 나올 때는 이를 몰수하였다. 한인들에 대한 탄압은 1925년 6월 조선총독부와 봉천성간에 한인독립군과 항일한인에 대한 검거 협약인 미쓰야협정을 맺으면서 본격화하였다. 이 협정은 한국 독립군의 활동이 활발한 남만의 안동(현 단동), 홍경, 통화, 환인, 임강, 집안, 장백, 안도, 무송 등 20개현을 시행구역으로 정하여 중국측의 독립군 단속 대상과 사후처리를 명기해 놓은 것이었다. 이 협정을 체결한 후 중국의 관리들은 한국독립군 및 항일한인을 탄압하기 위한 세부지침을 마련하였다. 길림성의 경우 1925년 9월 조선인에게는 무기휴대를 일절 금지하고, 이미 소지한 무기는 전부 몰수하며, 이를 위해 조선인의 가택조사 혹은 호구조사를 시행한다는 지침을 마련하였다. 독립을 하는 사람들의 주활동 근거지인 요녕, 길림에서 이같은 단속방침이 마련되자 그 하부의 각 현에서도 독립군 및 항일한인에 대한 탄압령이 발표되었다. 중국 관청은 이를 적극적으로 실천하기 위해 중국인 부랑자들에게 항일한인 및 독립운동가들의 목을 베어오게 하여 포상하는 경우도 있었다. 이렇게 되자 중국인 중 불량한 무리들 중에서는 한인가옥을 수색하여 독립운동가건 아니건 남자는 무조건 납치하여 중국의 관에 바치고 상금을 타내거나 한국인들을 잡아 살해하는 전문적인 살인집단까지 생겼다. 이처럼 중국측이 한국 독립군들을 적극적으로 탄압하자 일제는 친일한인 수십 명을 중국의 경찰서에 배치하여 그들을 지원하도록 하였다. 친일한인들은 중국의 군경들과 합동하여 매일같이 한인촌락을 순회하며 이주한인의 성분을 조사하는가 하면 생필품을 약탈하는 등 추악한 행동을 벌였다.[69)]

재만 독립군 및 이주 한인들이 어려움을 겪게 된 것은 미쓰야협정뿐만 아니라 그 당시 중국 측의 정치상황과도 관련된 것이었다. 1916년 이후 만주의 실권을 잡은 장작림의 부하들 중 많은 인원이 마적 출신

---

69) 채영국, "1920년대 중후기 중일합동의 재만한인 탄압과 대응," 176.

이었다. 그들은 장작림의 지휘를 받았지만 자신들의 이익이 되는 일이 있으면 장작림의 명령을 따르지 않고 자신들의 이익을 위하여 행동하였다. 일제는 이런 지방관들의 행동을 부추겨서 재만독립군 및 이주한인을 탄압하도록 하였다. 이와 같이 중국의 관민이 이주한인의 탄압에 나설 때 일제는 만주를 개발시켜준다는 명목을 내세워 식민기관인 남만주철도주식회사의 기능과 사업을 확장하여 만주지역의 경제를 잠식해 갔다.

7. 남만철도

일본은 러일전쟁 이후 포츠머스 강화조약을 통해 러시아가 1896년 이후 청국에서 확보한 모든 권리와 특권을 차지하게 되었다. 그 중 하나가 여순·대련의 조차권과 장춘-여순간의 철도, 즉 남만철도와 그에 부속한 특권들이었다. 만철은 러일전쟁 후 1905년 러시아와 일본 간에 맺어진 포츠머츠 조약에서 일본이 러시아로부터 설립할 수 있는 권한을 획득하고 중국으로부터 승인을 받아 1907년 4월 설립된 회사로 일제가 만주를 실질적인 그들의 식민지로 만들어 가기 위해 설립하고 운영한 회사였다.

일본은 장춘-여순간의 남만주 철도뿐만 아니라 조선에서 중국 내륙과 시베리아 횡단철도를 연결할 수 있는 철도를 갖기를 원했다. 이를 위해서는 만주지역의 철도노선을 가져야 했다. 그러나 청국은 일본의 철도부설을 적극 반대했다. 동북삼성의 총독은 신선 건설이나 기존선의 개축을 허가해 줄 수 없다고 버텼고 연변의 일본군 수비병에 대한 철수도 요구했다. 또한 일본의 철도 부설에 맞서 청나라 자본을 통한 만주철도 부설을 꾀했다. 이에 일본은 청의 만주 지역 철도 부설 행위는 일본이 소유한 남만주철도의 이익을 심각히 침해하는 것이라며, 부설을 강행한다면 적절한 수단을 발동하여 남만주철도의 이익을 수호할 것이라고 엄포를 놓았다.

1905년 이후 조선의 보호국을 자처한 일본은 간도 조선인 보호를 명목으로 조선통감부 간도파출소를 설치했다. 당연히 청국 측은 영토주권에 대한 침해라고 반발했다. 청국의 반응에 대해 조선통감부는 간도가 조선의 영토임을 분명히 했다. 청국과 일본의 중요한 이권 문제 한가운데에 간도가 자리 잡았다. 이런 상황 속에서 만주 경영에 대한 일본의 구상이 구체화되며 일본의 태도는 바뀌게 된다. 일본의 입장에서 조선 철도의 대륙 연결은 경제적으로도 군사적으로도 반드시 필요한 것이었다. 때문에 청국에 그만한 대가를 제공하고 철도와 광산의 이권을 챙기는 방안이 구상됐다.

1909년 2월 6일 청의 외무부에 주중 일본 공사 이주인 히코키치(伊集院彦吉)의 제안서가 전달됐다. 청국의 간도 영유권을 인정할 터이니 대신 만주에서 일본의 철도부설권과 광산 개발권을 확대해 달라는 것이 청국에 제시한 거래 내용이었다. 이 제안서에는 간도의 영유권을 청국에 넘기더라도 철도를 가지고 있으면 실질적 지배를 할 수 있다는 일본의 야심이 들어있었다. 청은 일본의 제안을 받아들였다. 1909년 9월 4일 청과 일본은 "조선과 청의 국경은 도문강(현재 두만강)으로 하고, 일본제국 정부는 간도를 청국의 영토로 인정하며, 장래 길장철도를 연장하여 조선 회령에서 조선 철도와 연결하도록 한다"는 내용의 간도 협약을 맺었다. 일본은 간도협약의 대가로 조선의 회령에서 만주의 길림성까지 연결되는 노선을 확보하였다.

이 철도는 1945년 제2차 세계대전이 종결될 때까지 만주에 존재했던 반관반민의 특수 일본회사로 만철(滿鐵) 혹은 남만철도로도 불렸다. 시베리아 횡단철도의 동아시아 지역, 특히 만주리 부근으로부터 블라디보스톡까지의 노선을 만주횡단철도라고 불렀는데, 그의 중간 부근 지점인 하얼빈에서 여순까지의 구간을 만주횡단철도의 남부지선이라 하고, 그 지선의 일부인 장춘-여순 간의 철도를 남만철도라 칭하였다.

만철은 바로 이 남만철도와 철도시설 및 그에 부속된 지역을 관리하기 위해 설립된 일본의 국책회사였다. 설립 당시에는 도쿄에 본사를 두었으나, 이후 대련, 장춘으로 옮겼고, 도쿄에는 지사를 두었다. 극성기에는 80여개의 관련기업을 거느리고 있었다. 이름을 보면 철도회사지만, 만철이 벌인 사업은 철도뿐만 아니라 수운, 전기, 광업, 창고업, 토목, 제철, 위생 등의 사업에까지 진출한 대기업이었다. 만철은 철도가 지나가는 주요도시를 철도 부속도시로 개발하여 그곳에 거주하는 주민들에게 세금을 거둬들였다. 이러한 일들은 중국의 주권을 무시하고 이루어졌다.

1926년 후반기까지 일제가 만주에 놓은 철길은 남만철도(장춘-봉천-대련, 봉천-안동, 봉천-무순), 봉해선(봉천-해룡), 길장철도(장춘-길림), 천회철도(조선 회령-중국 천보산) 등이었다. 만철은 일본의 만주 식민 사업을 수행하는 핵심 기관 역할을 하였다. 식민이란 말 그대로 자국민을 다른 나라에 심는 것, 즉 어떤 나라가 자국민을 본국 밖의 정치적 종속 관계에 있는 나라로 이주, 정착하게 하는 것을 뜻한다. 만철은 외형적으로는 하나의 사기업같이 보였지만 중요한 사업의 지휘감독과 간부의 임명이 모두 일본정부에 의해 결정되었다. 1945년 일본이 제2차 세계대전에 패하여 소련이 만주지역을 점령하면서 회사는 연합군 최고사령부에 의해 해체되었다.

이것을 보면, 1920년대 중후반 만주의 상황은 재만 한인 독립군들이 근거지를 구축하고 무장투쟁을 전개하기에는 최악의 조건이었다. 남만에서 큰 세력을 이루어 항일활동을 펼치고 있던 정의부, 참의부 등의 한국 독립군들은 이 여건을 이겨내고 무장 항일투쟁에 나서야했다. 그 뿐만 아니라 독립군과 함께 어려움을 겪고 있는 이주한인들의 사회를 지켜주고 그들이 안정된 삶을 영위할 수 있는 환경을 조성해주어야만 했다. 1920년의 만주 거주 한인의 수는 약 46만 명에 달했는데, 1930년대에 이르면 63만 명으로 늘었다. 이들은 농민, 노동자, 지식인 출신이었는데, 그 가운데 농민이 압도적으로 많았다.

8. 길림 시절의 설교

손정도가 남긴 글은 몇 편 되지 않는다. 설교 역시 「기독신보」에 기고한 4편이 남아 있고, 30여 편의 설교 개요가 길림 시절에 사용했던 수첩에 들어있다. 수첩에 담긴 설교의 제목과 성경 본문은 다음과 같다.

"물질에 대한 事[일]와 심령에 대한 일"(마태 7:15-29),

"너희는 먼저 그 나라와 그 의를 구하라"(마태 3:1-12, 6:33),

"덕을 세울지니라"(로마 15:1-13),

"우리를 시험에 들지 말게 하옵시고"(마태 5:1-15),

무제(이사야 1:18-20),

무제(아모스 4:11),

"예수는 생명의 빛이라"(요한 8:12),

"위에 있는 것을 찾으라"(골로새 2:20, 3:4),

"죽음에서 나와 영생의 참 사람을 얻으라"(로마 1:18-32),

무제(열왕기하 7:19),

"십자가의 증인",

"마리아의 택한 직분은 선함"(누가 10:38-11:4),
무제(마태 5:43-48),
"공덕이 없는 자는 자멸함"(마태 23:33-39),
"인생의 목적"(갈라디아 5:16-25),
무제(마태 8:5-13),
"진리가 너희를 놓으리라"(요한 8:31-48),
"내가 이 반석 위에 교회를 세우리니"(마태 16:13-20),
"이방인이 구원을 받음"(사도행전 11:1-18),
"여자는 가정의 주인이라"(잠언 31:10-31),
"금후로는 네가 과실을 영원히 맺지 못하리라"(마태 21:18-22),
"물산이 풍부한 소돔이 어찌하여 망하였는고"(창세기 18:16-33),
"현대인에 관한 기독교 책임",
"고진감래"(마태 6:33-34),
"길에서 곤비할까 하여 굶겨 보내지 못하겠다"(마태 15:32-39),
"전도재료",
"성도의 가정은 행복이 있다"(시편 128),
"너희는 그 나라와 그 의를 구하라"(마태 6:19-34),
"문제는 신령한 생활"(빌립보 2:1-11),
"내가 아버지 집에 있어야할 것을 깨닫지 못하시나이까"(누가 2:49),
"기독교와 우리 사회의 관계"(마태 13:31-43),
"등잔불을 콩 아래 두지마라"(마태 5:13-21),
"왕으로 오신 예수"(마태 2:1-12),
"협력과 활동"(시편 15:1-5, 시편 103편, 마태 7:24-29).

설교 개요 중 "고진감래"는 「기독신보」(1927년 7월 6일)에 실렸다. 이 설교에서 손정도는 만주에 이주해 온 농민들과 망명객으로 와 있던 독립운동가들의 처지를 애굽에 노예로 팔려 간 요셉의 처지로 여겼다. 그러나 자기 동족을 살려낸 이는 여러 사람들로부터 학대를 받고 노예의 생활을 해오던 요셉뿐이었다. 그는 만주에 와있던 동족들에게서 민족을 구할 사명을 보았다. 그 자신도 요셉과 같은 인물이 되고자했다.

"고진감래라 하는 말뜻에는 옛적 요셉의 일생이 연상됩니다. 17세 소년으로 부친의 사랑을 독특히 받아 부친의 무릎 앞에서 꽃꽃이 자라며 그 부친에게는 더할 수 없는 장중보옥(掌中寶玉)이었습니다. 자기의 사랑하는 형들을 위하여 부친의 명을 사양치 아니하고 180리나 되는 도단 초장으로 음식 실은 나귀를 몰고 산을 넘으며 물을 건너 천만 위험을 무릅쓰고 가는 요셉의 마음에는 생각하는 바가 무엇이겠습니까. 사랑하는 형님들이 그리운 생각에 집을 떠나 식사도 변변치 못할 생각에 형님들이 집 소식을 몰라 갑갑하여 여러 가지로 생각을 하면서 나귀야 어서가자 나의 마음은 형님들을 보고 싶어 심히 바쁘다고 혼자 중얼거리면서 갔겠습니다. 너무도 뜻밖에 올시다. 인정이 없는 형들은 요셉을 보더니 저 자식이구나 하고 악담과 저주로 영접하여 깊은 우물 다시 애급으로 가는 대상(隊商)에게 팔아버렸습니다. 거짓이 없는 요셉 순진한 요셉은 왜 이렇게 불행한가. 그에게는 가는 곳마다 모해와 장애와 유혹이 거듭 생기여 필경은 노예의 생활도 허락지 않았습니다. 비명을 띄고 옥중생활을 하게 된 요셉의 마음이야말로 또 얼마나 알았겠습니까. 슬프다. 잔인한 형들의 손에게 이역에 노예로 팔린 몸. 일월도 못보고 철창 속에 있는 몸, 아 저 소년에게야 얼마나 낙심을 주었겠습니까. 가을바람은 서서히 불고 기러기 소리는 옹옹히 들릴 때에 백발이 성성한 그 부친을 생각하면서 얼마나 울었겠습니까? 아- 사람은 형제간이라도 인정이 없었지만은 어찌 하늘에 계신 하나님조차 무심하였겠습니까? 백난 중에서라도 품성이 고상하고 신앙이 독실하여 불의에 추호라도 굴치 아니하는 요셉은 벌써 은연중에 하나님의 크신 경륜이 일어나기 시작되었습니다. 형제여 자매여 요셉의 장래가 어떻게 되었겠습니까? 의인 하나가 세상에 남아 얼마나 소중합니까? 애굽에서 굴지하는 박사도 자기민족을 구원할 능력이 없었고 디벌이 좋고 재산이 유여하고 세력이 대대로써처 있는 애급사람 중에서는 이러한 큰 흉년에 자기 동포를 구원할 자가 하나도 없었습니다. 그러나 오직 애급족속과 이밖에 갈대아 근방.. 족속까지 살려낸 이는 이미 여러 사람들에게 학대를 받고 노예의 생활을 하여오던 이 요셉뿐이었습니다. 사랑하는 형제자매여 우리의 생활이 비록 궁곤무비하나 악에게 지지 말며 우리의 앞길이 험악할 지라도 낙심말고 요셉과 같이 멀리 보이는 소망을 위하여 은연중에서 하나님의 크신 경륜이 일을 만한 덕성과 신앙의 인격으로 꽃이 피기를 바라나이다."

손정도는 다른 설교에서 일제 식민지 상황을 성경에 나오는 구약의 이스라엘 백성들의 '포로 상황'과 연결지어 이해했다. 수첩(아모스 4:11)에 이런 메모가 들어있다.

"아, 이스라엘인은 그와 같이 젖과 꿀이 흐르는 땅에서 쫓겨 나서 이와 같이 되였느뇨. 상제께 범죄한 까닭이외다. 이와 같이 된 백성이 어디 또 있을까요. 우리가 그렇습니다. 여러분 우리 무슨 죄를 그리 크게 범하여서 이와 같이 되였습니까. 어느 민족이든지 이 지경에 떠러짐은 세가지 책임자를 지적하외다. 첫째는 사회, 둘째는 부모, 셋째는 자기외다. 사회가 불량하면 위생상 사창 음패(飮悖)로 자손만대에 화가 미칠 것이외다. 그러므로 자기를 위하야 가장을 위하야 사회를 최량(最良)한 사회로 개조치 못하면 안되겟고 둘은 부모의 죄라. 육체상과 도덕상 정신상 불구자가 부모로 인하야 유전됩니다. 셋은 자기 죄라.

좋은 사회 좋은 가정에서도 부랑패류(浮浪悖類)에 자처하여 망하는 자 불소(不少)하외다. 우리는 여하히 하면 구원을 득하겠나이까. 나 개인부터 죄를 회개하고 깨달아야 하겠오. 상제께서는 이 민족에게 기회를 주십니다. 그 중에서 하느님의 부름을 입어 구원을 받아 하느님의 싸우는 사람이 되어야 하겠소."

이스라엘의 경우와 마찬가지로 '하나님께 범죄함'이 망국의 원인이었다. 따라서 구원, 즉 국권 회복은 '하나님께로 돌아오는' 회개로부터 시작되는데 그것은 개인에서 출발하여 가정과 사회로 연결되어야 한다. 「기독신보」(1927년 6월 22일) 실린 "새 마음을 받으라"(로마서 12장 2절)는 설교 역시 육신대로 살려하지 말고 오직 성신[성령]으로써 몸의 행실을 죽이고 성신[성령]으로 말미암아 새로운 사람이 되라고 권면하였다. 그것이 하나님의 이상세계인 하늘나라를 건설하는 길이다.

"그리스도인의 교적 생활을 함으로 가장 중요한 결과는 이 세상 사람의 마음을 변하야 하나님의 선하심과 기뻐하심과 온전하신 뜻을 분변함이외다.

현대 교인들은 그리스도 교적 생활 반면에 이 세대를 본받아 물질 방면으로 경향이 됩니다. 태평양을 건너려 한 배가 물이 벗으면 능히 운동을 못할 것이나 물위에 뜬 배로 배밑을 뚫고 배안에 들게 되면 그 배는 반드시 바다속에 침몰되고 말 것이외다. 우리 인류가 이 세상에서 생활하는 저간에는 물질에 속한 인격과 신의 이상에 속한 인격과의 둘이 있습니다.

물질에 속한 인격은 비열한 인격이요 신의 이상에 속한 인격은 고상한 인격입니다. 누구든지 하나님의 속한 이지력이 믿음의 경험으로 이 세상 물질에 속한 이지력을 점점 정복하야 성신의 소욕대로 새로운 인격을 지어야 하겠습니다. 사도 바울이 믿기 전에 물질에 속한 소욕이 자기를 완전히 정복하였던 것을 믿은 후에 깨닫고 개탄하기를 "내가 원하는 선은 행치 못하고 원치 아니하는 악을 행하게 된다"고 하였습니다. 그러나 이 사망의 몸에서 자기를 구원하실 이가 계시다고 또 말씀하였습니다. 믿기 전에는 사망의 몸에서 자기를 구원하실 이가 없었지만 이제 그리스도 예수 안에 있는 자기에게는 죄를 당할 이가 없고 대개 그리스도 예수 안에 있는 생명의 성신의 법이 나를 노화 죄와 사망의 법에서 벗어나게 하셨다고 하였습니다. 사도 바울이 이 말씀을 한 것은 자기가 이 세상에 속하였던 마음이 변하여 새 마음을 받아 하나님의 온전하신 뜻을 분변하는 간증이올시다 그러나 사도 바울이 새 사람이 된 후에도 항상 염려하기는 남에게 복음을 전한 후 몸소 지옥에 떨어질까 하야 자기를 쳐서 항상 굴복케 하였습니다.

아무리 건강한 사람이라도 땅에 넘어지기 쉽습니다. 넘어지는 까닭은 지구의 흡력 중심을 잃은 연고이외다. 신자들의 믿음이 퇴락되었다든지 약한 사람이 되었다든지 부정당한 행위를 행하였다든지 죄명은 다르나 그 원인은 모두 나의 마음이 하나님과 사귀여 하나님의 뜻대로 행하겠다는 그 중심 사상을 잃은 연고이외다. 우리가 어찌하다 넘어졌을 지라도 낙심치 맙시다. 이제 우리가 참되지 아니한 행위를 그리스도 앞에 내어 놓으면 하나님은 성신으로 우리 죽을 몸을 다시 살려 주시리다.

사랑하는 이들이여 우리가 육신에게 빚을 져서 육신대로 살려하지 말고 오직 성신으로써 몸의 행실을 죽이고 성신으로 말미암아 새로운 사람이 되어야 하겠습니다. 새로 나온 사람마다 그의 신앙의 경험은 새 세계를 발견합니다. 저주하던 이 세상이 변하여 새로운 환희를 느끼게 됩니다. 물질세계를 넘어서 하나님의 이상 세계가 보여집니다. 경치 좋은 산골짜기를 들어가되 경치 좋은 그밖에 신비하게 보이는 하나님의 영광을 찬송하게 될 것이외다. 새로 난 사람의 위대함이여 그의 정신에는 광명이 있으며 그의 산 용기는 화산에서 솟아오르는 불길보다도 강합니다. 그는 패망한 듯한 가정 오막살이 집 속에 앉았으되 그 이상은 사랑과 진리로 이 인간 세계를 요리하고 있으며 멸망한 듯한 민족 중에 있으면서도 그 정신은 예수 그리스도의 십자가로써 영원히 평화로운 하늘나라를 건설함에 있을 것이외다."

9. 정의부와의 관계

1925년 미쓰야 협정(三矢協定) 체결 이후, 만주에서 활동하고 있었던 조선의 독립 인사들에 대한 중국 관헌의 탄압이 심화되고 있는 가운데 삼부통합이 시도되었다. 삼부통합이란 동북지역 한인들의 권익 옹호, 그리고 적극적이며 효과적인 대일투쟁을 추구하기 위해 민족유일당을 조직함으로써 참의부, 정의부, 신민부를 통합하려는 것이었다. 민족유일당은 1920년대 후반 민족해방 역량을 집중해야 한다는 명제 하에서 만들고자 했던 하나의 민족적 대당(大黨)이었다. 민족유일당을 만들려고 오동진 등은 1928년 5월 화전과 반석 등지에서 18개 단체 대표들이 회합한 가운데 전민족유일당조직촉성회의라는 명칭으로 통합을 시도했으나 3부 통합을 위해 노심초사해 왔던 오동진은 결국 이날을 못 보고 어느 날 일제 경찰에게 체포되는 비운을 맞았다.

1924년 10월 양기탁과 김동삼 등이 봉천성과 길림성 등 남만주 지역 일대를 거점으로 창설한 정의부는 조국독립을 위해 무장투쟁을 전개한 군정(軍政)활동 단체이자, 관할민의 생활을 부흥시키기 위해 관할 구역의 한인들에게 세금까지 거두면서 하나의 국가처럼 활동하던 민정

(民政)활동 단체였다. 정의부는 활동 초기부터 재만 한인들의 경제 상태 개선을 위하여 공농제(共農制)와 호계제(戶鷄制)를 실시하여 공농 수익금을 마련하였고, 이를 농업 자금으로 대부하는 사업을 펼쳤다. 공농제는 적립된 공농 수익금을 관할민에게 농업자금으로 대부해 주는 것과 일부는 농기구를 구입하여 대여해주는 제도였다. 호계제란 한인 가호 매호마다 닭 한 마리를 내게 하고 그에 해당하는 주식을 발급하는 제도였다. 그 같이 하여 기금이 계속 축적되어 일정액이 되면 그 돈으로 농지를 구입하여 토지가 없는 한인들에게 공동경작하게 하고 거기에서 나오는 이익금을 적립하여 공농 수익금을 늘려가는 제도였다. 또한 의무 교육 기관으로 남녀 공학의 초등학교를 설립하고 화흥중학, 동명중학을 세웠으며 화성의숙을 세워 혁명 간부를 양성하기도 하였다.

오동진은 재만한인의 생활개선에도 관심을 기울여, 1927년 4월 1일 농민호조사(農民互助社) 조직에도 참여하였다. 오동진은 1925년 정의부 군사부위원장 겸 총사령관에 취임하여 평안북도 초산과 벽동 경찰서의 주재소를 습격하고 군자금을 모으기도 하였다. 1926년 3월에는 항일민족통일전선을 지향하는 고려혁명당을 조직해 위원으로 활동했다. 이 시기까지 만주지역 한인민족운동은 직접적인 무장투쟁과 민생교육 등의 자치활동에 주력해왔다. 또한 민족진영 일부에서는 러시아의 볼셰비키 혁명과 그것의 국제적 옹호를 사명으로 하는 코민테른 정책의 영향을 받아 사회주의운동에 투신했다. 1925년 조선공산당이 성립되었고, 1926년 조선공산당 만주 총국이 설치되어 민족주의 진영의 좌경화가 진행되었다. 이러한 시대 조류에 발맞춰 종래의 투쟁 형식으로는 독립 쟁취가 요원하며, 혁명을 위한 이념 무장이 뒷받침되어야 함을 깨달았다. 이에 1926년 3월부터 정의부의 양기탁, 현정경, 고할신, 오동진, 곽종대 등과 소련에서 돌아온 이규풍, 주진수, 최소수, 천도교의 혁신파, 형평사 인사인 김봉국, 이동락, 이동구, 송헌 등이 논의를 거듭하여 4월 5일 고려혁명당을 창당하였다. 이동구가 "조선이 일본의 굴레에서 벗어나고 사유재산제도를 부인하는 공산주의 사회를 실현"하는데 고려혁명당의 목적이 있다고 하였듯이, 이들은 조선의 독립과 피착취계급의 해방이라는 두 가지의 혁명을 달성하기 위해서 고려혁명당을 조직한 것이었다. 그러나 1926년 12월 이동락이 장춘에서 일제에 체포된 것을 시작으로 정이형, 이동구, 이원주, 유공삼은 하얼빈에서, 송헌, 장지필, 홍병기, 이동욱, 오승환, 서광훈은 국내에서, 김봉국은 요녕성에서, 오동진은 일제의 주구 김종원에게 속아 길림과 장춘을 연결하는 길장선(吉長線) 홍륭산역에서 붙잡히면서 결국 고려혁명당은 와해되었다.

오동진이 거액의 군자금을 가지고 있다는 최창학을 만나러 간다고 할 때 손정도를 비롯한 주위 사람들은 아무래도 수상하니 가지 않는 것이 좋겠다고 말렸다. 만류를 뿌리치고 갔다가 화를 당했던 것이다. 손정도의 절친했던 정의부의 독립운동 동지 오동진이 체포된 것은 1927년 12월이었다. 국내로 압송되어 1929년 12월 신의주 지방법원에서 무기징역을 선고받은 후 경성형무소와 공주형무소에서 복역하다 죽었다.

당시 손정도는 안창호가 1907년 설립한 평양 대성학교 출신의 오동진과 아주 친했다. 오동진은 종종 길림에 머물면서 손정도와 독립운동에 관한 일들을 협의했다. 오동진은 그 중에서도 손정도와 정의부가 함께 추진하고 있던 농업공사의 설립을 주도해가고 있었다.[70] 오동진은 옥중에서 종종 손정도에게 자신의 경솔함을 후회하는 편지를 보내곤 했다.[71]

손정도와 정의부의 관계는 밀접했으나 정의부의 정책에 대해 반대하는 경우도 있었다. 1925년 7월 7일 임시의정원에서 임시 대리 대통령

70) 홍은혜, 79
71) 손원일 10월 24일.

박은식을 사퇴시키고 이상룡을 국무령에 임명하고 임시의정원 의원에 만주측 대표를 선출하자 정의부 측에서는 이러한 결정에 동의하면서 임시정부를 지지하였다. 이에 손정도는 왕삼덕과 함께 반대성명을 냈다.[72]

이상룡이 국무령이 된 것은 만주지역의 독립단체를 대표했던 정의부와의 연합을 추진하게 했다. 그러나 대한민국임시정부 내에서의 파벌 투쟁에 염증을 느껴 길림으로 온 손정도에게는 그러한 분파싸움이 길림의 독립단체에서도 재현될 것을 예견하고 있었다. 손정도의 반대에도 불구하고 결국 정의부 제1회 중앙의회에서는 상해 임시정부를 지지하고 말았는데, 그 결과는 역시 손정도가 예상했던 대로였다. 당시 손정도는 목회자 신분으로 각종 독립활동에 관계하고 있었지만 어느 독립단체에 소속하고 있지는 않았다. 손정도의 길림 생활은 교회목회와 민족운동이 한데 어우러져 진행되었다. 그는 길림 지역 독립운동가 현익철, 김동삼, 오동진, 최명식, 이 탁, 김좌진 등과 연락을 취하며 이들의 무장 투쟁을 지원하였다. 손정도가 오동진, 정의부와 어떤 관계를 가졌는지는 김일성의 회고록『세기와 더불어』와『해석 손정도의 생애와 사상연구』에서 자세히 언급되고 있다.

10. 길림의 독립운동가들

중국 길림성 중부의 송화강 연안에 있는 이 도시는 1747년에는 길림정, 1882년에는 길림부로, 1907년에는 길림현으로, 1937년 현을 시로

72) 박영석,『한민족독립운동사연구』, 357.

고친 후 지금까지 길림시로 불리우고 있다. 김일성이 길림에 처음 도착한 것은 1927년 1월이었다. 15세의 김일성(당시 이름은 김성주)이 길림역에서 내려 본 길림의 풍경 가운데서 가장 인상적인 것은 거리에 물장사들이 많은 것이었다. 길림역에서 북산방향으로 뻗은 차루가를 따라 얼마쯤 걸어가니 도시를 성내와 성외로 구분하는 성벽이 보이고 조양문이라는 현판이 달려있는 성문이 보였다. 조양문 가까이에는 신개문이라는 성문이 있었다. 길림에는 조양문과 신개문 외에도 파호문, 림강문, 복수문, 덕승문, 북극문을 비롯하여 모두 10개의 성문이 있었는데 그때 성문을 장작상 군대가 지키고 있었다. 풍화작용으로 군데군데 허물어진 길림의 고색창연한 성벽은 김일성에게 이 도시가 오랜 역사를 가지고 있는 성시라는 느낌을 주었다. 성벽만 고색창연한 것이 아니었다. 길림은 용담산, 북산공원, 강남공원과 같은 명승지들과 옛 문화를 보여주는 건물과 터가 많은 도시였다.

강희12년(1673) 처음 길림성을 건축할 때 동, 서, 북 세 곳에만 성문이 있었다. 건륭7년(1742) 새로 성곽을 보수하면서 다섯 곳의 성문이 세워지는데 소동문, 대동문, 파호문, 대북문과 서문이었다. 동치6년(1869) 길림성을 확건하면서 8개의 성문을 세웠다. 즉 동래문(소동문), 조양문(대동문), 파호문, 북극문(북문), 치화문, 덕승문, 복수문(수문동자), 영은문(서문 또는 림강문) 등 8개의 성문이다. 선통원년(1909) 새롭게 조양문과 동래문 사이에 신개문, 대동문과 파호문 사이에 북신개문을 확건하여 길림성곽에는 모두 10개의 성문이 있게 되었다. 동쪽성벽의 문이 강변쪽의 동래문(민간에서는 소동문)과 북쪽방향의 조양문(민간에서는 동대문)이라면, 북쪽성벽의 문은 동쪽의 파호문, 중간의 치화문, 서쪽의 북극문 세 개가 있었다. 서쪽성벽도 세 개의 문을 냈다. 서남쪽의 문은 영은문이라고 했는데, 민국초년에 림강문으로 고쳤다. 중간의 문은 복수문, 동북쪽의 문은 덕승문이라고 했다. 1928년부터 동래, 조양, 파호, 덕승문의

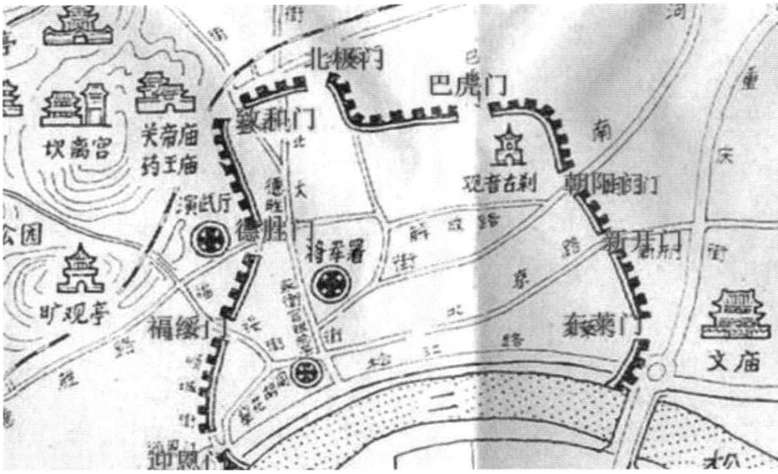

길림성곽 약도

문루를 허물었고 1935년에 성벽도 허물었다.[73]

1927년 길림에는 김일성 "아버지의 친구들" 오동진, 장철호, 손정도, 김사헌, 현익철(현묵관), 고원암, 백기백, 황백하 등이 거주하고 있었다. 김일성은 아버지의 친구들의 집에 자주 드나드는 과정에 독립군 간부들과 독립운동 지도자들을 많이 알게 되었으며 길림에 드나들던 각양각색의 많은 사람들을 만나보게 되었다. 길림에서 김일성이 가장 먼저 찾아간 인물은 오동진이었다. 그 날 오동진은 김일성을 삼풍잔(삼풍여관)에 데리고 가서 독립 운동가들에게 인사 시켰다. 김일성은 여기서 김사헌을 만났는데, 그로부터 육문중학교와 교원 김강을 소개받았다. 김일성이 만난 오동진, 장철호, 김사헌은 다 기독교를 신앙하는 애국지사들이었다.

김일성은 화성의숙에서 이 학교로 전학하였다. 이 학교는 김일성 외에도 다수의 한인 학생들이 수학한 곳이기도 하다. 삼품여관은 태풍합

73) 강용권, 『동북항일유지고찰기 : 장편답사기』(연변인민출판사, 2000), 122-123.

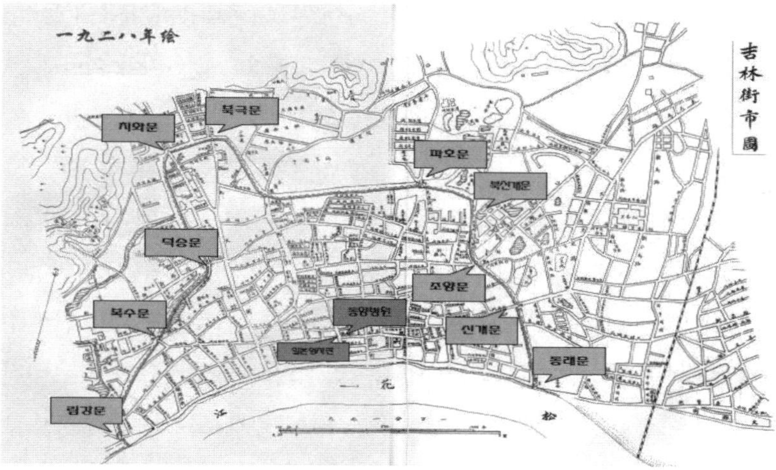

길림시가도(1928)

정미소와 함께 독립운동가들이 숙박소 겸 연락장소로 이용하는 2대 거점이었다. 조선에서 들어오는 이주민들도 삼풍여관을 많이 이용하였다. 이 여관의 주인은 손정도 목사의 동향인으로 평안남도 증산에서 살다가 손목사의 권유로 길림에 와서 삼풍여관을 운영하였다. 삼풍여관에서 일본영사관까지의 거리가 100미터 가량밖에 되지 않았다.

11. 육문중학

김일성이 군사학교 화성의숙을 중퇴하고 길림으로 건 것은 1927년 정초였다. 의숙이란 공익을 위하여 의연금을 모아 세운 교육기관이었다. 그가 길림에 가게 된 동기는 화성의숙의 고루한 학습 내용 때문이었다. 이와 관련하여 1991년 김일성이 이런 말을 한 적이 있다.

"나는 화성의숙에서 몇 달 동안 공부하여보니 교육내용이 마음에 들지 않았습니다. 그래서 화성의숙을 그만두고 무송으로 돌아와 어머니에게 이 사실을 말씀드리고 길림으로 갔습니다."

화성의숙은 독립군의 간부들을 키워낼 목적으로 1925년초에 길림성 화전현 화전에 세운 정의부 소속의 2년제 군사정치학교였다. 김일성은 14살 때인 1926년 잠시 화성의숙에 재학하면서 최동오로부터 민족주의 교육을 받았다. 그래서 북한에서는 화성의숙을 혁명유적지로 여긴다. 화전은 송화강과 휘발하(輝發河)라는 강이 한데 모이는 합수목으로부터 오륙십리 떨어진 곳에 있었는데, 길림성 관할의 산간도시로서 남만에서 독립운동 중심지의 하나였다. 당시 숙장은 천도교도 최동오였는데 1986년 월북한 최덕신 전 천도교 교령의 부친이다. 최동오는 천도교 3대 교주 손병희의 제자였다. 손병희가 설립한 강습소를 나온 후 고향 의주에 내려와 서당을 세우고 천도교인 자녀들을 공부시키는 일을 했다. 1919년 3·1운동이 일어나자 의주에서 만세시위에 참여하고 상해로 망명하였다. 40명 남짓한 학생들 가운데 김일성만큼 어린 학생은 한 명도 보이지 않았다. 대부분 20살 안팎의 청년들로서 모두 그의 형이나 삼촌벌쯤 되는 학생들이였다. 교사는 벽돌집에 초가지붕 건물이었다. 화성의숙 앞에는 휘발하가 흘렀는데, 지금은 화성의숙의 흔적을 찾을 수 없다. 조선족 주민들에 의하면 학교는 현재의 화전시 화전진 인민광장 왼쪽 벤치 부근에 있었다.

김일성은 정의부의 후원을 받아 화전의 화성의숙에서 길림의 육문중학으로 전학하였다. 김일성이 길림에 도착한 것은 행인들의 왕래가 번잡한 한낮 때였다. "오랜 력사를 자랑하는 대도시의 번창한 풍경은 첫 순간부터 조용하고 한적한 농촌지대에서만 살아온 나를 위압하는 상싶었다."

"길림은 처음 와 보는 생소한 고장이었으나 별로 낯이 설다는 느낌을 주지 않았다. 오래전부터 와보고 싶던 곳이고, 아버지의 친구들이 많은 곳이어서 그랬는지 모른다. 나의 수첩에는 내가 찾아가 인사를 드려야할 아버지의 친구들과 친지들의 주소가 십여 개나 적혀있었다. 오동진, 장철호, 손정도, 김사헌, 현묵관, 현익철, 고원암, 박기백, 황백하와 같은 사람들은 모두 길림에 있는 아버지의 친구들이였으며 내가 만나보아야 할 사람들이였다."

김일성은 이처럼 길림에 올 때 찾아가 뵙고 인사드려야 할 인물들의 주소를 수첩에 적어가지고 있었는데, 그들 중에 손정도 목사의 이름도 들어 있었다.

일본군경들에게 쫓겨 다니는 조선 독립운동자들과 공산주의자들이 길림에 많이 모여들었다. 그래서 동북 3성에서 배일의 후방기지는 길림이라 할 정도였다. 새것을 배우려는 청년학생들도 이 도시로 찾아왔다. 김일성도 그런 사람 중의 하나였다. 당시 김일성의 이름은 성주였다. 김일성이 첫 번째로 찾아 간 사람의 집이 오동진이였다. 오동진은 소문도 없이 길림에 불쑥 나타난 김일성을 보니 김일성의 아버지 김형직 생각이 떠오른다면서 길림에 온 것을 반겼다. 그날 오후 오동진은 김일성을 삼풍여관에 데리고 가서 독립 운동가들에게 인사시켰다. 그 독립 운동가들 속에 김사헌도 있고, 정의부 경호대장으로 활동하는 장철호도 있었다. 여관 주인은 손정도 목사의 동향인이였다. 그는 평안남도 증산에서 살다가 손목사의 권유로 길림에 들어와 삼풍여관을 운영하였다. 독립 운동가들의 본산지 삼풍여관에서 일본영사관까지의 거리가 100미터 가량밖에 되지 않았다.

김사헌은 다음날 김일성을 육문중학교의 김강 선생한테 소개해주었다. 김일성이 육문중학교에 입학하고 돌아오자 오동진 부부는 김일성에게 학교를 졸업할 때까지 기숙사에 들어가지 말고 자기네 집에서 다니라고 하였다. 김일성의 아버지는 고인이 되었고, 어머니가 삯바느질로 보내주는 학자금이 전부였다. 이런 처지에서 김일성은 아버지 친구들의 호의를 받아들이지 않을 수 없었다. 김일성은 길림에 와서 처음에는 오동진의 집에 있으면서 학교에 다녔다.

김일성은 1927년 1월 길림 육문중학교 2학년에 편입했는데, 재학 중 손정도의 후원은 참으로 성의 있고 지극한 것이었다. 육문중학은 1917년에 세워져 1920~30년대 길림 지역 학생운동과 사회운동을 주도한 학교였다. 길림시내 송화강변, 길림시 순성가 108호에 위치한 육문중학에는 오늘날도 그가 다닌 옛 육문중학의 구지가 신관 뒷편에 원형대로 보존돼 있다. 그 건물은 1998년 2월에 '길림성 중점문물 보호단위'로 지정되었다. 이 학교는 김일성 외에도 다수의 한인 학생들이 수학한 곳이기도 하다. 손정도 목사의 차남인 손원태도 이 학교에 다녔다. 김일성은 1927년 1월부터 1929년 가을까지 이 학교에서 공부했다. 김일성이 공부하던 시기 길림에서는 맑스-레닌주의가 청년학생들 사이에서 동경의 대상이 되고 있었다.

당시 길림에는 민족주의자들과 초기 공산주의자들이 만들어 놓은 길미청년회, 조선인여길학우회, 소년회와 같은 조직들이 있었다. 소년회나 길림에서 공부하는 학생들의 친목단체인 조선인여길학우회는 간판만 있거나 그 활동이 미미하였다. 김일성은 조선인여길학우회를 조선인유길학우회로 개편하고 혁명적인 청년학생 조직으로 만들었다. 손정도 목사도 조선인유길학우회 고문의 한 사람이었다. 이 청소년 조직들이 움직이면서 청소년들이 육문중학교 옆 북산에 올라가 여러 가지 모임을 가졌다. 그들은 북산 밑에 있는 운동장이나 강 건너 강남공원에서 놀았으며 용담산으로 소풍을 가기도 하였다. 길림의 청소년들은 손정도가 목회하던 대동문 밖의 예배당에서도 모였다. 김일성에 의하면, 손

길림, 육문중학

정도가 목회하던 "대동문 밖의 예배당은 우리의 전용 집회 장소나 다름없었다. 나는 이 예배당에 자주 찾아가 풍금도 타고 연예 선전대의 활동도 지도하였다."[74]

12 손정도와 김일성

손정도는 길림에 온 후 일본경찰들이 '제3세력'이라고 규정한 혁신파 인물들과 연계를 가지고 독립운동에 적극적으로 참여하였다. 길림시절 손정도와 가까웠던 독립운동가들로는 손정도 집에서 숙식했던 김구 말고도 고원암(고활신), 오인화를 들 수 있다. 한때 정의부 중앙위원이었고 민족유일당, 조선혁명당에서 집행위원으로 활동한 고원암은 평안

74) 김일성, 『세기와 더불어 2』, 6.

남도 용강군 사람으로 손정도 보다 7살 아래였다. 오인화는 중국에 귀화하여 길림성 공안국에서 통역을 맡고 있었는데, 손정도 보다 9살이 적었다. 오인화는 평양 진남포 출신이었다. 손정도는 새 세대의 청년 학생들과도 잘 어울렸다. 젊은 사람들이 하는 일이면 무엇이든지 성의를 다하여 후원해주었으며, 그가 목회하고 있던 대동문(동대문, 조양문) 밖의 예배당은 김일성을 비롯한 젊은 사람들의 전용 집회장소나 다름없었다.『세기와 더불어』는 손정도와 김일성의 관계뿐만 아니라 김일성의 부친 김형직과의 관계 그리고 오랜 세월을 걸쳐 면면히 이어지는 손정도 일가와 김일성 일가와의 관계를 길게 언급하고 있다. 김일성과 손정도 가문의 관계는 김형직과 손정도의 관계로부터 시작되었다.

> “그는 국내에 있을 때부터 우리 아버지와 두터운 친분관계를 맺고 있었다. 같은 학교(숭실중학교) 출신이라는 관렴도 작용하였지만 그보다는 사상과 리념의 공통성이 아버지와 손정도를 뜨거운 우정으로 결합시켰다고 생각한다. 아버지는 생전에 손목사에 대한 이야기를 많이 해주었다.” [75)]

손정도는 1905년에 숭실중학교에 입학하였다. 김형직은 1911년에 그 학교에 입학하였다. 손정도가 김형직보다 12살 위였고 학교로는 6년 선배였다. 두 사람 다 관서지방 출신으로서 반일애국운동에 참여하였다.『세기와 더불어』는 김형직과 손정도가 언제 어디서 어떤 일로 상면하였는가 하는 구체적인 사연은 언급하지 않으나, 김형직도 생전에 손정도 이야기를 자주하였고 손정도도 김일성에게 김형직이 너무나 젊은 나이에 운명한 것을 애통하게 여기는 말을 자주 하였다고 서술하고 있

75) 김일성,『세기와 더불어 1』, 354.

다. 김형직과 손정도의 관계에 대해서는 손정도의 아들 손원태도 이야기하는데, 고려혁명당이 조직될 때 두 사람이 만났다는 것이다. 손원태에 의하면, 김형직도 고려혁명당의 창당에 개입했으며 그를 뒤에서 뒷받침한 사람이 손정도였다는 것이다. 이 무렵 김형직은 병환이 심하여 지팡이를 짚고 가까스로 길림에 왔다.[76] 고려혁명당은 정의부 내의 좌파 세력들이 중심이 되어 1926년 4월 5일 길림에서 결성한 항일독립운동 조직이었다. 창당 당시 양기탁이 위원장을 맡았다. 양기탁은 1907년 안창호, 전덕기, 이회영, 이동휘, 이동녕 등과 국권 회복을 위한 비밀 결사 신민회(新民會)를 조직하고 항일운동을 전개한 인물이었다. 그러나 1926년 12월 이동락이 장춘에서 일제에 체포된 것을 시작으로 간부들이 체포되면서 고려혁명당은 와해되었다.

『세기와 더불어』는 손정도를 김일성의 생명의 은인으로 기술하였다. 1929년 가을 김일성은 학생운동을 하다가 중국 반동군벌들에 의해 길림감옥에 투옥되었다. 길림감옥은 길림 북극문(북문)에서부터 서남쪽으로 얼마간 떨어져있는 성안에 자리 잡고 있었다. 손정도는 김일성을 출옥시키기 위해 애쓰면서 찬 감방에 이불과 옷가지들도 차입해 주었으며 사식도 넣어주었다. 손정도는 길림 독군서의 장작상을 만나 달래기도 하고 묵돈도 찔러주면서 김일성은 절대로 공산당이 아니라고 보증해나가면서 석방하도록 설득하였다. 그래서 김일성은 7달 만에 감옥에서 무사히 석방될 수 있었다.

김일성은 정식 재판에 회부되지 않고 7개월만인 1930년 5월 초 석방되었다. 감옥에서 나온 김일성은 곧장 우마항에 있는 손정도를 찾아갔다. 그 때 손정도는 일제의 만주침공이 임박하고 있는데 점차 어떻게 할 작정인가고 물었다. 김일성은 더 이상 학교에서 운동을 계속할

---

76) 손원태, 『손원태 회고록』, 21.

수 없음을 깨닫고, 무장투쟁을 하겠다고 했으며 손정도는 김일성을 격려해주었다. 그것이 손정도와 학생 김일성의 마지막 작별이었다. 김일성은 3년 동안의 길림생활을 정리하고 무장투쟁을 벌이기 위해 간도쪽 돈화로 옮겨갔다. 김일성이 이 때 손정도와 헤어진 후 다시 그 가족을 만날 수 있게 된 것은 1991년 5월 손정도의 둘째 아들 손원태가 평양을 방문했을 때였다. 두 사람의 만남은 60여년 만이었다. 김일성의 말이다.

> "선생이 나를 늘 그리워하였다고 하는데 나 역시 선생이 보고 싶었습니다. 그래서 여러 곳에 수소문해보았으나 선생을 찾을 수 없었습니다. 나는 미국에서 사는 김성락 목사가 조국에 왔을 때에도 그에게 선생과 선생의 누이동생 손인실의 소식을 물어보았습니다.
> 김성락 목사의 아버지는 3. 1인민봉기 지도자의 한 사람이였습니다. 김성락 목사는 우리 아버지와 평양숭실중학교에 같이 다녔기 때문에 나는 오래전부터 그를 알고 있었습니다. 그는 해방 전에 일제가 강요하는《신사참배》를 반대하였다는 리유로 박해를 받다가 그후에 미국으로 건너가서 국적을 바꾼 것 같습니다. 김성락 목사는 1981년과 1982년 두번에 걸쳐 조국을 방문하였습니다. 나는 그때 그를 만나 담화를 하면서 선생이 미국에서 살고 있지 않는가고 물었더니 자기가 목사촌에서 미국목사들과 같이 살고있다고 하면서 선생의 행처에 대하여 잘 모르겠는데 후에 알아서 소식을 전하겠다고 하였습니다. 김성락 목사는 선생에 대해서는 몰라도 손정도 목사에 대해서는 알고 있었습니다. 그 후에 그가 세상을 떠나다보니 선생의 행처를 알아서 전하지 못한 것 같습니다. . . . 선생과 이렇게 만나고보니 선생의 아버지인 손정도 목사에 대한 생각이 더 나고 길림시절에 있었던 여러 가지 일들이 감회깊이 추억됩니다. 손목사는 내가 길림에서 활동할 때 나를 각별히 대해주고 물심

량면으로 적극 도와주었습니다. 그래서 나는 해방 후부터 오늘까지 기회가 있을 때마다 손목사에 대하여 자주 이야기하군 합니다.

손목사는 우리 아버지와 친한 사이였습니다. 우리 아버지는 평양숭실중학교에 다니실 때부터 손목사를 잘 알고 있은 것 같습니다. 그때 평양에 광성중학교가 있었고 그 맞은편에 녀자고등보통학교가 있었습니다. 광성중학교는 빨간 벽돌로 지었는데 그 건물이 해방 후에도 있었습니다." [77]

이 때 김일성은 손정도가 딸 손진실의 혼사문제로 어려움을 겪었던 이야기도 들려주었다.

"나는 길림에 있을 때 선생의 누이인 손진실의 혼사문제 때문에 곤경에 빠졌던 손목사를 도와준 일이 있습니다. 손진실이 윤치호의 동생 윤치창과 눈이 맞아 돌아가자 독립 운동자들 속에서 그들의 혼사문제가 화제거리로 되였습니다. 독립운동자들은 이구동성으로 독립운동을 한다는 사람이 친일파의 집에 딸을 준다고 하면서 손목사를 시비하였습니다. 지어 그들은 윤치창이 손목사를 만나러 길림에 왔을 때 그를 인질로 잡아두고 군자금을 받아낸 다음에야 내놓겠다고 야단법석하였습니다. 이 사건과 관련한 소문이 길림시 안에 쭉 퍼지고 적지 않은 사람들이 이 사건에 말려들어 손목사는 매우 난감한 처지에 빠지게 되였습니다. 그래서 나는 장철호, 고원암, 김사헌을 비롯한 독립운동자들을 찾아가 손목사와의 우정을 보아서라도 그러면 되겠는가, 지금은 자유련애를 하는 때인데 젊은이들이 서로 좋아하면 그만이지 독립군에서 무엇 때문에 이래라저래라 하는가고 하면서 윤치창을 놓아

77) 김일성, 『재미교포 손원태와 한 담화: 1991년 5월 15일, 5월 31일, 6월 2일』

주는 것이 좋겠다고 말해주었습니다. 그후 독립운동자들은 자기들이 너무한 것 같다고 하면서 윤치창을 놓아주었습니다. 그들이 나의 말을 들은 것은 우리 아버지의 신세를 진 것도 있고 또 내가 학생들 속에서 영향력이 있었기 때문인 것 같습니다. 나는 그때 학생이였지만 정치활동을 하고 있었습니다. 아마 내가 나서서 손정도 목사를 옹호하고 도와주지 않았더라면 그가 곤경에서 벗어나지 못하였을 것입니다. 지금 손진실의 나이가 89살인데 아직도 그가 살아있으면 좋은 일입니다."

김일성은 손원태와 담화하면서 자기의 이름이 김성주에서 김일성으로 바뀐 사정도 이야기해주었다.

"언제인가 《동아일보》도 나에 대하여 비교적 정확히 소개한 일이 있었습니다. 그때 《동아일보》는 김일성의 본래 이름은 김성주이다, 집에서도 그렇게 불렀고 길림에서 공부할 때에도 그렇게 불렀는데 혁명활동을 하면서부터 김일성으로 불리우게 되였다고 썼습니다. 사실 김일성이라는 이름은 혁명동지들이 지어준것입니다. 초기 혁명 활동시기에 동지들은 나의 이름을 처음에는 조선혁명의 향도성이 되어 달라는 의미에서 한일자에 별성 자를 써서 한별이라고 불렀고 그 다음에는 민족의 운명을 구원해줄 태양이라는 의미에서 날일 자에 이룰 성자를 써서 김일성이라고 불렀습니다. 혁명동지들이 모두 나의 이름을 김일성이라고 부르는데 나혼자서는 어쩌는 수가 없었습니다. 그래서 나의 이름이 김일성으로 되었습니다."

1930년 5월초 김일성이 감옥에서 풀려나 길림을 떠날 무렵 손정도 목사 역시 일제의 만주침공이 점차 현실화되고 농민호조사 운동은 실패로 끝난 상황에서 길림생활을 정리하고 북경 이주를 준비하고 있었다. 김일성의 증언이다.

> "목사는 그때 중국관내로 갈 준비를 하고 있었다. 나는 손정도 목사에게 무슨 까달으로 갑자기 길림을 떠날 생각을 하게 되였는가고 물었다. 손목사는 한숨을 쉬고 나서 서글프게 웃었다.《장작상까지 맥을 추지 못하니 이제는 이 길림바닥에서 우리를 비호하고 후원해줄 힘도 바랄 수 없게 되었네. 장작상이 조선사람을 도와주지않으면 일본군대가 쳐들어와도 큰 일이야. 3부가 통합되면 독립운동도 날개달린 룡마가 되리라고 생각했는데 룡마는커녕 집안싸움으로 평온한 날이 없으니 이 바닥에 더 버티고 있을 생각도 나지 않네》. 관내에는 그가 상해임시정부 의정원 부의장과 의장직을 력임할 때 가깝게 지내던 인사들도 있었고 흥사단 시절의 단우들도 있었다. 손정도가 관내로 들어가려고 결심한 것은 그런 사람들과 다시 련계를 가지고 독립운동에 더 적극적으로 투신해보려는 동기에서 출발하지 않았겠는가고 생각된다." [78]

13. 동양병원에서

손정도는 길림지방 순회 목회와 액목현의 농민호조사 이주 동포들을 돌보면서 바쁜 일정을 보냈다. 그러나 길림 목회와 농민호조사 일이 순조롭게 진행되지 않았다. 독립운동에서 손을 잡아야 했던 공산주의 세력과 민족주의 세력 사이의 갈등과 마찰도 점증하였고 일제의 농민호조사에 대한 방해 공작도 집요해졌다. 일제는 한국인과 중국인 사이를

78) 김일성, 『세기와 더불어 2』, 2-3.

이간하며 중국인을 내세워 한국인들의 민족운동을 견제하였다. 이처럼 길림 상황이 점차 악화되자 손정도는 농민호조사 사업을 정리하기로 했다. 가족을 북경으로 옮긴 후 농민호조사 잔무를 처리하였다. 이 무렵 손정도의 건강마저 날로 무너지고 있었다. 오랫동안 앓은 병이 도져 식사도 변변히 할 수 없었다. 배형식 목사가 1929년 6월 서울 정동교회에서 열린 미감리회 연회에 참석하여 낭독한 감리사 보고에서 손정도의 당시 건강상태를 엿볼 수 있다.

> "길림 담임자 손정도 목사는 연전 옥독(獄毒)이 각금 발생하야 신체가 매우 연약함으로 육신활동이 능치 못함으로 구역 순행을 마음대로 못하였으나 주재하여 있는 길림성교회 형편은 재미있고 복잡한 사회환경에서 모든 피란을 잘 이겨감으로 교회에 무슨 해는 없습니다. 여러분은 손정도 목사를 위하야 기도 많이 하여 주시기를 원하나이다." [79)]

옥독이란 1912년 가쓰라 공작 암살음모혐의로 체포되어 구금되었을 때 그리고 진도에서 2년간 유배생활을 할 때 얻은 병일 것이다.

건강도 문제지만, 손정도 목사의 집안 풍경도 어수선하고 썰렁했다. 전에는 손 목사의 집에서 교인들의 모습을 볼 수 있었다. 시국을 논하는 독립 운동가들의 활기에 찬 목소리도 있었다. 그러나 김일성이 1930년 봄 출옥하여 찾아갔을 때는 그 모든 것은 흔적도 없이 사라져버렸다. 이 집의 단골손님들은 모두 유하로, 홍경으로, 상해로, 북경으로 떠나 종적을 감추었다. 손정도는 1930년 봄 이후 목회를 사실상 중단하였고 그마저도 그후 얼마동안은 북경에 가 있었다.

손정도는 북경에 갔다가 그 다음 해 길림으로 다시 돌아왔다. 손정

---

79) 김일성, 『재미교포 손원태와 한 담화: 1991년 5월 15일, 31일, 6월 2일』.

도는 당시 건강이 안 좋아 휴식을 취하고 있던 중이었다. 그는 농업공사 일도 마무리 짓고 잔여재산에 대한 정리문제도 해결할 겸 해서 1931년 2월 10일 혼자서 다시 길림으로 와서 대동문 밖에 있는 태풍합 정미소에 머물렀다.

이처럼 손정도의 꿈이 덧없이 스러져 없어지고 있을 때 안창호는 어떻게 지내고 있었을까? 안창호는 1932년 4월, 상해 홍구공원에서 일어난 윤봉길 의사의 폭탄 투척의 사건에 배후 혐의자로 체포되어 국내로 이송, 4년 징역형을 선고받고 대전형무소에 수감되었다. 1935년 가석방으로 풀려나 평안남도 강서군 대보면 대보산에서 은거하던 중 수양동우회 사건으로 다시 체포되었다. 수양동우회는 1922년 이광수가 중심이 돼 서울에서 결성한 수양동맹회와 1923년 대성학교 졸업생 등이 주축이 돼 평양에서 결성한 동우구락부를 통합해 1926년 1월 발족한 인격 수양 및 민족의 실력 배양을 표방한 단체였다. 일제는 동우회를 수사하여 1937년 6월부터 1938년 3월에 걸쳐 모두 181명을 체포했다. 이들 가운데 42명이 재판에 회부되었으나 안창호가 1938년 3월에 사망하여 실제 재판에는 41명이 회부되었다. 안창호는 서대문형무소에 수감되었다가 병이 악화되어 경성대학 부속병원에서 치료하던 중 1938년 3월 10일 사망하였다.

손정도는 안창호보다 4년 늦게 태어나 7년 먼저 세상을 떠났다. 손정도는 북경에서 길림으로 돌아온 직후인 2월 19일, "다량의 선혈"을 토하고 동양병원으로 옮겼으나 회생하지 못하고 세상을 떠났다. 김경하 목사의 "남만기행"이라는 글을 보면(「기독신보」 1931년 7월 22일), 2월 21일 심양 봉천교회의 백영엽 목사 집을 찾아갔을 때 그가 손정도 목사의 부음 전보를 받고 길림에 있는 상소(喪所)로 떠나려고 하고 있었다. 이처럼 손정도의 사망 소식은 전보를 통해 북경, 상해, 용정 등지의 가족과 동포들에게 빠르게 전해졌다. 부친의 부음을 듣고 자식들은 북경에서 대성통곡을 하였다. 큰 아들 원일은 독일 배를 타고 대해를 항행 중이었다.

1931년 6월, 개성 북부교회에서 개최된 기독교조선감리회 연합연회에서 배형식 감리사는 "고 손정도 목사의 죽음은 과연 민족적 정신을 가지고 만주에 있는 동족을 위하여 애를 많이 쓰다가 희생하였다 하여도 과언이 아니"라면서 그의 별세 소식을 다음과 같이 전했다.

> "만주에서 오랫동안 악전고투로 지내시든 우리 형님 손정도 목사는 그의 숙환으로 인하야 휴직하고 북경 어떤 사원에서 휴양하다가 지난 겨울에 길림에 오셨다가 그 병이 심중하여 여관 추운 밤에 비치는 등불에서 사랑하는 처와 자식 권속도 보지 못하고 고독한 별세를 하였습니다. 엄동이라 관을 묻을 수 없다 하여 중인의 풍속대로 장의소란 곳에 行葬하여 관을 지상에 아직까지 그대로 노치하였으니 참말 가엽은 일이라 하겠습니다. 그의 가족은 산지사방(散地四方)한 중 동 부인은 유아 2명을 거나리고 북경 일우(一隅)에서 잔명을 유지하고 있다고 합니다. 우리 재만 동역자는 조속히 주선하여 고 손목사의 해골이나 안장하여 그 유족을 위안코저 합니다. 여러 동역자씨는 제 힘에 알맞게 동정하여 주시기만 바라나이다. 고 손정도 목사의 죽음은 과연 민족적 정신을 가지고 만주이 있는 동족을 위하여 애를 많히 쓰다가 희생하였다 하여도 과언이 아닙니다." [80]

손정도의 장례는 2월 23일 '재만감리교회장'(在滿監理敎會葬)으로 엄수되었다. 그의 유해는 길림성박 장의소에 임시 안치되었다가 배형식 목사가 개성 연회에 참석하여 모금하여 가지고 온 1천3백여 원의 헌금

---

80) 『기독교조선감리회 중부.동부.서부 연합연회록』. 1931, 184.

길림만철동양의원

으로 길림 북산에 묘지를 구입하여 비로소 9월에야 유해를 안장하였다.[81]

김일성은 이듬해 봄 연길현 명월구(지금의 안도현 장흥향)에서 손정도 목사가 병환(위궤양)으로 동양의원 입원 첫날 다량의 피를 토하고 운명했다는 소식을 들었

다. 1931년 2월 19일 손정도가 숨을 거둔 동양의원은 1914년에 설립되었는데, 1931년에 길림만철의원으로 개명하였다. 이 병원의 처음 위치는 오늘의 화룡가였는데, 1923년에 현재의 중경가와 무창로 사거리의 동쪽으로 확장 이전하였다. 이 병원 건물은 1999년 6월에 철거해서 현재는 옛 건물이 남아있지 않다.

김일성은 손정도가 병으로 급사했다는 말을 믿을 수가 없었다. 당시의 교포사회에는 손목사의 죽음을 "모살"로 보는 사람들이 적지 않았다. 입원 직전의 손목사의 병세가 생명을 좌지우지할 정도의 위독상태

---

81) "손정도씨 추모회," 「기독신보」(1931년 6월 24일). 이 묘지는 후에 길림교회 교인묘지가 되었다. 배형식, 『고 해석 손정도목사 소전』, 19, 35-6.

가 아니었고, 동양의원이 일본인들이 경영하는 병원이었다는 것을 모살의 논거로 들 수 있다. 가장 확실한 논거는 손정도는 일본경찰들이 한시도 감시를 늦추지 않고 있던 요시찰 인물이었다. 손정도가 가쯔라 다로(桂太郎)의 암살혐의로 체포되어 갖은 악형을 다 당하다가 진도 유배갔던 일, 상해 임시정부의정원 의장, 임정 교통총장(交通總長), 시사책진회(時事策進會) 성원, 홍사단 단원, 노병회(勞兵會) 이사 등 항일로 일관된 손정도의 경력은 일본경찰로 하여금 그를 눈에든 가시처럼 여기지 않을 수 없게 하였다. 일본인들이 손정도를 얼마나 집요하게 주시해왔는가 하는 것을 보여주는 증거로『세기와 더불어』는 목사가 급사한 직후 길림총영사 이시이가 1931년 2월 24일 일본 외무대신 시데하라에게 '불령선인 손정도의 사망에 관한 건'이라는 문건을 발송한 사실을 들고 있다. 이 문건은 손정도의 아들 손원태의 회고록에서는 다음과 같이 소개되고 있다.

"요시찰 조선인 손정도 사망에 관한 건

본적; 조선 평안남도 강서군 증산면 오홍리
주소; 북평동성 금오호동 17호 아세아대약방내 손정도[82)]

명치 15년 7월 26일생
우자는 대정 8년 3월 조선 내에서의 소위 독립소요에 관계하여 상해에 도주하여 동지에서 조선민족 민족주의자들에 의해 조직된 임시정부 의정원 원장의 요직에 있으며 독립운동에 종사하다가 얼마 후 만주에 와서 길림성기독교회(남감리파)를 조직하고 예배당을 설치하여 다

82) 북평은 북경의 다른 명칭이다.

년간 포교에 종사하는 한편 상해에 있는 안창호 일파의 흥사단에 가입하여 당지방에 있는 민족주의자와 부단히 교류하며 조선독립운동에 대하여 종종 헌책해오던 자인데 작년에 가족과 함께 앞에 있는 주소지에 이주하였는데 본인은 만주에 있는 민족부흥운동 문제와 관련하여 고활신, 오인화 등으로부터 만주에 올 것을 독촉 받고 지난 해 12월 10일경 다시금 길림에 와서 대동문밖 태풍합정미소에 체재하면서 민족운동에 대하여 동지들과 밀의를 거듭해오던 중 여러 해 앓던 고질(의궤양)이 도져 이달 19일 동양의원에 입원하여 그날로 사망하여 이달 22일 기독교의식에 따라 장의를 치루었는데 장의 참가자로는 베이징에서 처(21일 도착)와 본적지에서 아우 손경도가 길림에 오고 그밖에 봉천 백목사 이하 당지방의 명망있는 조선인 40명이며 유해는 우선 봉천회관(길림소재)에 의탁하여 화골이 된 다음 조선에 개장하는 것으로 하다." [83)]

이 문건은 손정도의 장례가 봉천회관에서 기독교식으로 엄숙히 거행되었다는 것 그리고 수십 년의 풍상을 독립항쟁에 바쳐온 그의 영전에는 일본경찰의 방해로 인하여 40명 남짓한 조객들만 모였다는 것을 말해 준다. 손정도의 쓸쓸한 장례식은 이렇게 표현되고 있다.

"생전에 그렇게도 많은 사람들 속에서 에워싸여 애국의 혼으로 그들을 열심히 교화시키던 목사일진대 고인과의 작별은 너무나도 조용하고 쓸쓸한 것이었다. 국부가 죽어도 마음대로 울지 못하는 세상이 되었으니 경찰이 립회하는 식장에서 눈물인들 제대로 흘리며 통곡인들 제대로 하였겠는가." [84)]

---

83) 손원태, 손원태회고록, 12-13.
84) 김일성,『세기와 더불어 2』, 8.

허약한 신체로 분투해오던 손정도는 1931년 2월 길림에서 한생을 이렇게 끝마쳤다. 우리 동포의 처참한 망국 신세를 구원코저 반일민족운동에 한생을 바쳐온 그의 육신은 일제의 감옥에서 사망한 김의준 목사, 일제 헌병감옥에서 살해된 젊은 신부 박창빈과 함께 길림시 북쪽변두리 연화포공동묘지에 묻혔다.[85]

손정도는 1912년 안창호에게 보낸 편지에서 "형님이여 공평한 일월(日月) 아래 혼자 슬프고 혼자 부끄러워 못 살겠"다면서 "나의 생명을 나의 국가적인 치욕을 씻고 저 왜놈의 원수를 갚기 전에는 제가 죽지 못하겠다"고 하나님께 하소연했다고 했는데,[86] 그런 기도와 각오에도 불구하고 저 왜놈의 원수를 갚지 못하고 병사한 것이었다.

이 비극적 생애를 만주 거주 한인들은 어떻게 생각할까? 길림의 조선족 향토사가 원시희는 손정도의 생애를 이렇게 요약하였다.

> "그가 길림 일대에서 진행한 반일 민족독립운동의 주요활동은 반일 민족독립운동 선전 고취와 후대 인재를 양성하는 교육활동, 반일 민족독립운동에 몸바치는 지사, 투사들에 대한 후원, 반일 민족독립운동을 굳건히 내밀기 위한 조선족 농민들의 경제생활 향상 도모 등이었다. 그러한 것이 기독교 선교란 의의 밑에 목사 생활 속에서 은밀히 진행되었다."[87]

1910년대 초부터 많은 반일 애국지사들과 나라 잃은 처지를 하소연

---

85) 원시희, "북국땅의 백의혼 – 애국지사 손정도 목사의 생애," 「도라지」(1989년 1월), 27.
86) 도산안창호선생전집편찬위원회, 『도산안창호전집 제2권, 서한 II』, 234.
87) 원시희, "북국 땅의 백의혼 – 애국지사 손정도 목사의 생애," 32.

할 길이 없는 무고한 백성들이 고국을 떠나 상해와 만주 땅으로 이주하였다. 손정도도 그 때부터 중국의 여러 지역을 전전하는 전도사로 목사로 살았는데, 북경, 하얼빈, 상해, 길림에서의 전도활동과 반일 독립운동은 분리될 수 있는 것이 아니었다. 원시희가 손정도를 "악에 대한 저항과 투쟁의 조선식 신학"을 수립한 인물로 평가하는 이유도 이런 삶 때문이었다.

우리는 이 책에서 손정도가 일제의 지배에 맞서서 조선식 신학을 실천한 모습을 되돌아 보았다. 이제 우리의 과제는 그의 조선식 신학을 분단된 한반도에서 실천하는 일일 것이다.

BC 930년에 이스라엘 사람들이 남과 북으로 분단된 적이 있었다. 남쪽의 유다 사람들은 포로가 되어 바벨론, 지금의 이라크로 끌려갔다. 그 길이 예루살렘에서 1,500km였다. 유다 사람들은 여기서 70년 동안 포로생활을 했다. 이 시기를 바빌론 포로기라고 한다. 이 때 유다 사람들은 조국 땅 시온을 기억하며 눈물지었다. "우리가 바벨론의 여러 강 편 거기에 앉아서 시온을 기억하며 울었도다(시편 137: 1). 유다 사람들처럼 포로가 되어 끌려간 것은 아니지만 일제시기에 나라를 잃고, 토지를 잃은 우리의 조상들도 고향을 떠나 만주로 갔다. 1945년까지 그 숫자가 2백만이 넘었다. 유다 사람들처럼 이들도 길림과 하얼빈의 송화강변에서, 단동, 집안의 압록강변에서, 용정, 도문, 훈춘의 두만강변에서 평양과 서울, 또는 각지의 고향을 생각하며 눈물 흘렸다.

왜 고향을 생각했을까? 무엇보다도 자기가 지은 집에서 살고 자기가 개간한 농토에서 농사를 짓고 살고 싶었기 때문일 것이다. 구약성서의 예언자 이사야는 포로들의 바빌론에서의 귀환을 예언했다. 새 하늘과 새 땅을 이야기했다. 새 하늘과 새 땅은 어떤 나라일까? "사람들이 제 손으로 지은 집에 들어 가 살겠고, 제 손으로 가꾼 포도를 따 먹는다. 제가 지은 집에 남이 들어 와 사는 것을 보지 않겠고, 제가 가꾼 과일을 남이 따먹는 것도 보지 아니한다."(이사야 65:21-22) 바빌론에서 비참한 포로생활을 끝내고 예루살렘으로 돌아오면 어떻게 자주적으로 살게 될지를 들려주는 이야기인데, 이사야에 의하면 이것이 바로 새 하늘과 새 땅이었다.

포로로 바빌론에 끌려간 사람들처럼 손정도는 하얼빈, 상해, 길림의 낯선 땅에서 망향의 그리움 속에서 살았다. 손정도는 길림의 송화강변에서 숨을 거두었다. 그의 조국이, 한국인들의 조국이 자주독립국가가 되기를 기도하며 투쟁했던 고귀한 생애는 이렇게 송화강변의 한 병실에서 끝났지만, 우리가 어떻게 자주적으로 살아야 할지를 보여준 그의 애국적 생애는 우리 가슴 속에 살아 있다.

참고 문헌

단행본

강만길, 『조선민족혁명당과 통일전선』. 역사비평사, 2008.

강용권, 『동북항일유지고찰기』. 연변인민출판사, 2000.

김구, 『백범일지』. 매월당, 2016.

김득중 편, 『손정도 목사의 생애와 사상』. 감리교신학대학교 출판부, 2004.

김병조, 『독립운동사략』. 아세아문화사, 1976.

김일성, 『세기와 더불어 1』. 조선로동당출판사, 1992.

김일성, 『세기와 더불어 2』. 조선로동당출판사, 1992.

김일성, 『재미 교포 손 원태와 한 담화 : 1991년 5월 15일, 31일, 6월 2일』. 조선 로동당 출판사, 1992.

김창수·김승일, 『해석 손정도의 생애와 사상 연구』. 넥서스, 1999.

도산안창호선생전집편찬위원회, 『도산안창호전집 제2권, 서한 II』. 도산안창호선생기념사업회, 2000.

도산안창호선생전집편찬위원회, 『도산안창호전집 제4권 일기』. 도산안창호선생기념사업회, 2000.

도산안창호선생전집편찬위원회, 『도산안창호전집 제6권, 대한민국임시정부, 유일당운동』. 도산안창호선생기념사업회, 2000.

도산안창호선생전집편찬위원회,『도산안창호전집』제8권 홍사단원동위원부. 도산안창호선생기념사업회, 2000.
독립운동사편찬위원회,「독립운동사 자료집 6, 3.1운동사자료집」. 독립유공자사업기금운용위원회, 1971.
모던일본사,『일본잡지 모던 일본과 조선 1939』. 어문학사, 2007.
민경배,『한국기독교회사』개정판. 대한기독교서회, 1991.
민경배,『서울YMCA운동 100년사』. 서울YMCA, 2004.
배형식,『고 해석 손정도 목사 소전』. 기독교건국전단사무소, 1949.
박영석,『한민족독립운동사 연구』. 일조각, 1982.
박용옥, "여성 항일운동의 조직화",『한국여성독립운동사: 3·1운동 60주년 기념 』. 3·1여성동지회, 1980.
배형식,『고 해석 손정도 목사 소전』. 기독교건국전단사무소, 1949.
손과지,『상해한인사회사: 1910-1945』. 한울아카데미, 2001.
손원태,『손원태 회고록』, 1996. 미간행물.
숭실100년사편찬위원회 편,『숭실100년사』, 1권, 숭실학원, 1997.
숭실대학교 한국기독교박물관 편,『기독교 민족사회주의자 김창준 유고』. 숭실대학교 한국기독교박물관, 2011.
월터 라우센부쉬,『야소의 사회훈』. 조선야소교서회, 1930.
이병헌 편저,『3.1운동비사』. 시사시보사출판국, 1959.
이훈구,『만주와 조선인』. 성진문화사, 1979.
장세윤,『중국동북지역 민족운동과 한국현대사』. 명지사, 2005.
재상해일본총영사관 편,『조선민족운동연감』(일문), 동문사서점, 1946.
조선예수교장로회총회회의록. 1927년.
전택부,『한국기독교청년회운동사』, 정음사, 1978.
주요한 편저,『안도산전서』. 홍사단출판부, 1999.
최기영, 『중국관내 한국독립운동가의 삶과 투쟁』. 일조각, 2015년.

한규무, 『일제하 한국기독교 농촌운동 1925-1937』. 한국기독교역사연구소, 1997년.

한상일, 『이토 히로부미와 대한제국』. 까치, 2015.

홍은혜 엮음, 『우리들은 이 바다 위해』. 가언기획, 1990.

Annual Report of the Board of Foreign Moissions of the Methodist Episcopal Church, Korea Mission 1884-1943. 한국기독교역사연구소, 2012.

Huyn Soon, '현순자사(玄楯自史)', *My Autobiography.* Institute for Modern Korean Studies Yonsei University, 2003.

회의록

『기독교조선감리회 연회록』

『조선예수교장로회 총회록』

정기간행물, 학술지

고혜령, "최초의 여학사 하란사의 생애와 활동," 「유관순 연구」, 제6호 2011년.

김승태, "평양에서의 3.1운동과 김선두 목사," 「기독교사상」. 2018년 5월.

김주성, "미국 선교사 Fitch 일가의 한국독립운동 지원 활동", 「한국독립운동사연구」, 2017년 1월.

김택중, "1918년 독감과 조선총독부 방역정책", 「인문논총」 제74권 제1호, 2017년 2월.

김활란, "인도양을 넘어 예루살렘으로: 기행", 「신인문학」. 1934년 10월.

문영걸, "중국신문 속의 3.1운동," 「기독교사상」. 2018년 3월.

문영걸, "조선 남감리회의 시베리아 선교(1920~1931)," 「한국기독교와 역사」. 2011년 3월.

손정도, "그리스도인의 자신력",「그리스도회보」. 1911년 4월 15일.
손정도, "조선의 변천을 논함,"「신학세계」 창간호. 1916년 2월.
양성숙, "제6장 한국노병회의 조직과 광복활동,"「민족사상」. 2009년 12월.
옥성득, "기독교 민족주의와 105인 사건, 1911-1915,"「기독교사상」. 2019년 7월.
유병호, "대한민국임시정부의 안동교통국과 이륭양행 연구",「한국민족운동사연구」. 2010년 3월.
원시희, "북국 땅의 백의혼 - 애국지사 손정도 목사의 생애,"「도라지」. 1989년 1월.
이덕주, "기독교 신앙과 민족운동 - 손정도 목사를 중심으로",「세계의 신학」. 2000년 1월.
이덕주, "통일이후 한반도 신학 모색-손정도의 기독교사회주의를 중심으로",「신학과 세계」. 2009년 12월.
이명화, "흥사단원동임시위원부와 도산 안창호의 민족운동",「한국독립운동사연구」. 1994년.
이명화, "도산 안창호의 이상촌운동에 관한 연구,"「한국사학보」. 2000년 3월.
정병준, "3.1운동의 기폭제- 여운형이 크레인에게 보낸 편지 및 청원서",「역사비평」. 2017년 5월.
조이제, "손정도 목사의 설교", 「세계의신학」. 2001년.
조규태, "1920년대 북경고려기독교청년회의 종교활동과 민족운동",「한국기독교와 역사」. 2009년 9월.
채영국, "1920년대 중후기 중일합동의 재만한인 탄압과 대응", 「한국독립운동사연구」. 1997년 1월.
최병헌, "충청남도 선유문안(5)",「기독교사상」. 2018년 2월.
최병헌, "충청남도 선유문안 (6)",「기독교사상」. 2018년 3월.
최병헌, "충청남도 선유문안(10)",「기독교사상」. 2018년 7월.

한규무, 『일제하 한국기독교 농촌운동 1925-1937』. 한국기독교역사연구소, 1997.

황민호, "1920년대 후반 재만한인에 대한 중국당국의 정책과 한인사회의 대응", 「한국사연구」. 1995년 9월.

황민호, "1920년대 재만 한인문제에 대한 한인 기독교계의 대응과 그 성격," 『한국독립운동사』. 2003년 8월.

신문

"상해한인교회사", 「기독신보」, 1922년 7월 26일, 8월 22일.

"새 마음을 받으라"(로마서 12장 2절), 「기독신보」. 1927년 6월 22일.

"신년축하회", 「독립신문」, 1921년 1월 15일.

"손정화 목사 장서", 「기독신보」. 1928년 4월 25일.

"고진감래", 「기독신보」. 1927년 7월 6일.

"농민호조사 발기문", 「기독신보」. 1927년 6월 8일.

"안창호씨 외 2백명 동포를 검거", 「동아일보」. 1927년 2월 23일.

"손정도씨 추모회," 「기독신보」. 1931년 6월 24일.

「매일신보」. 1912년 6월 8일, 7월 11일, 7월 14일.

「매일신보」. 1920년 11월 7일.

"조선 여학생의 호소"(朝鮮女學生之呼籲), 「익세보」. 1919년 3월 28일.

손원일, "나의 이력서", 『한국일보』. 1976년 9월 29일-12월 21일.

신흥우, "농촌계발에 진력," 『동아일보』. 1925년 1월 1일.

기타

손정도 수첩

이덕주, "교육과 신앙활동을 하며 이상촌을 건설하고자 했던 손정도", 흥사단 시민역사강좌. 2011년 10월 12일.

손정도, 애국적 생애

초판발행일 2020년 6월 30일
지 은 이 김홍수
발 행 인 황준성
펴 낸 곳 숭실대학교 지식정보처 중앙도서관
서울 동작구 상도로 369
등 록 제14-2호(1982.1.25)
TEL : 02-820-0739
FAX : 02-817-5297
http://press.ssu.ac.kr
인 쇄 처 열린문화(02-2278-1791)
값 12,000원
ISBN 978-89-7450-394-9